法律视野下的
十大社会热点问题

Ten Social Hot Issues in Legal Perspective

主　编　冀祥德
副主编　金　英

方志出版社
Publishing House of Local Records

图书在版编目（CIP）数据

法律视野下的十大社会热点问题 / 冀祥德主编 . -- 北京 :
方志出版社，2017.1

ISBN 978-7-5144-2271-9

Ⅰ. ①法… Ⅱ. ①冀… Ⅲ. ①社会问题—研究—中国
Ⅳ. ① D669

中国版本图书馆 CIP 数据核字（2016）第 320321 号

法律视野下的十大社会热点问题

主　　编：冀祥德
副 主 编：金　英
责任编辑：陈　效

出 版 人：冀祥德
出 版 者：方志出版社
　地址　北京市朝阳区潘家园东里 9 号（国家方志馆 4 层）
　邮编　100021
　网址　http://www.fzph.org
发　　行：方志出版社发行中心
　电话（010）67110500
经　　销：各地新华书店
排　　版：北京中文天地文化艺术有限公司
印　　刷：廊坊市晶艺印务有限公司

开　　本：700 × 1000　1/16
印　　张：11.5
字　　数：201 千字
版　　次：2017 年 1 月第 1 版　2017 年 1 月第 1 次印刷

ISBN 978-7-5144-2271-9　定价：36.00 元

序 言

一

“雷某案”发生后迅速成为社会关注的热点。虽然本案以检察机关认定涉案警务人员构成玩忽职守罪但情节轻微作出不起诉决定，雷某家属放弃所有诉讼，但是它的影响远未结束。这一事件之所以引发全民关注，主要有两方面原因：一方面，在我国法治建设的进程中，公权力机关运用法治思维进行社会治理的能力还有待提升；另一方面，随着经济社会建设飞速发展，民主法治日益完善，公众的法律意识和权利意识得到了极大提升，对于民主、法治、公平、正义的要求也在不断提高。同时，我们也应该看到，在该案中，各种观点交织在一起，繁杂却未能实现有效沟通，非理性的声音依然存在。这也迫使我们去思考，在现代法治社会，如何去审视权力与权利的碰撞，如何去化解权力与权利的冲突，如何去实现权力与权利的平衡。本书选取了“雷某案”等十个近年来在社会上备受关注的热点事件，从法律人的视角对这些事件进行剖析与解答，期冀对法治国家、法治政府、法治社会建设有所裨益。

在法律人眼里，丰富多元的社会生活，需要以法律为基础、以道德为底线，人们的全部活动都应在这两条线上运行，不然整个社会秩序就会崩溃。打开电视或者上网浏览网页，翻阅手边的报纸或杂志，我们每天都会看到、听到或者读到很多社会热点问题的报道，比如群体性事件、冤假错案、折迁事件、医患矛盾、资本市场的“风起云涌”等等。尤其是在自媒体时代，对同一事件的事实与法律适用的不同认识，都会通过微博与微信等迅速传播。以怎样的视角去认识这类热点事件，以怎样的思维去分析这些热点问题事关重大，不可小觑。

本书的编写，就是基于这样的初衷：引导读者跟随我们走进这些社会热点事件，解读这些事件发生发展的曲折历程，全方位地对这些事件进行一个直观而具体的认识与分析。我们精心选取了近些年来发生的若干颇具代表性的事件，从法律的视角对其展开分析、论述，并提出相应的对策和建议，以期给读者朋友们提供一个认识或者处理这些问题可资借鉴的视角。本书对于社会热点事件的挑选，遵循了三个原则：

一是代表性。本书中所选取的事件，均是在社会上广受关注的热点事件。这些事件从不同的侧面，反映了目前社会矛盾之所在。这些事件的发生，大多是经济社会发展过程中难以绕过的问题，其发生既有偶然性又有必然性。我们尽量选取必然性大于偶然性的事件，作为本书讨论的素材，以确保所选事件的代表性。我们所选取的这些事件有：雷某案、群体性事件、药家鑫等案中的民意与司法冲突问题、杜培武等冤案中的刑讯逼供问题、温岭杀医案、念斌等案中引发的司法专业问题、万科宝能之争、“大学生掏鸟案”、唐慧劳教案、农民被逼住楼问题等等。这些事件涵盖了目前社会上大多数热点问题。

二是可读性。与专业类的法律书籍相比，本书最大的一个特点就是生动有趣、可读性强。在撰写本书的过程中，我们注意到本书的读者朋友一定会是来自各行各业，可能有相当一部分并非法律专业人士，如果通篇运用法律专业术语，阅读起来会有一些困难。因此，在写作过程中，我们尽量避免采用晦涩难懂的法律专业术语，尽可能地做到通俗易懂、深入浅出，在保障文章质量的前提下提升内容的可读性。

三是可行性。在每篇文章的最后一部分，我们都会基于法律的视角，提出对该热点事件的反思与解决对策。这些对策的提出都是我们基于对该事件的理性分析与观察之后讨论形成的。对策需要具有可操作性、可行性，不然就形同废纸、没有意义。在提出法律对策的过程中，我们尽量追求从事件发生的现实基础出发，立足于事件发生的客观和主观条件，结合国情、地情，给予对症下药考量。

唐朝名相魏征在《谏太宗十思疏》中谏太宗言：“臣闻求木之长者，必固其根本；欲流之远者，必浚其泉源；思国之安者，必积其德义。”在全面推进依法治国的大背景下，“固其根本”就要坚持法治，一准乎法；市场经济归根到底是法治经济，社会的良好形态为法治社会。“浚其泉源”就要坚持遵从法律信仰，“思国之安者”，从法律的角度剖析社会现象尤其是社会热点问题，并以法律人的思维去分析、解决问题，以期促进社会法治进步。

二

“正义不仅应当得到实现，而且应该以人们能够看得见的方式加以实现。”这句著名的法谚对于如今我们司法理念转型以及诉讼制度改革仍具有启发性意义。从14年前“程树良案”的“无人问津”与“不了了之”，到今天“雷洋案”引发公众的巨大反响、官方媒体的跟踪报道，尤其是引起司法机关的重视并对司法程序进行信息公开，整个社会环境发生了巨大的变迁。一方面是越来越重视公权力行使的监督和规范，另一方面是随着公民权利意识的不断提升，对于执法机关权力行使的外部监督和制约也逐步显现。《当权力与权利碰撞，如何守护正义？》一文，作者对“雷某案”的过程进行理性审视，引领读者思考“雷洋案”何以成为社会焦点，其背后折射出哪些值得深思的法律问题，由此可观我国法治建设进程中的进步与挑战又是什么等诸多法律问题。作者也提出，在全面推进依法治国的当下，权利保障与权力规制，是法治发展的必由之路，这就要求不仅是结果正义应当被呈现，程序的正义也应当被呈现。当前我国“以审判为中心”诉讼制度正在如火如荼地开展，扭转“重实体轻程序”理念，实现“实体与程序并重”还任重道远。

司马迁曾说：“法令者，治之具，而非制治清浊之源也。”意思是法律是治理的工具，但不能根治问题的本源。无独有偶，社会学法学派在欧洲的首创人之一、奥地利法学家埃利希也说：“法发展的重心不在立法、不在法学，也不在司法判决，而在社会本身。”近些年来，一些群体性事件成为举国上下高度关注的热点，如河北定州事件、贵州瓮安事件、湖北石首事件、广东增城事件、大连反对PX游行事件等。这些群体性事件背后深层次原因是伴随着社会转型的深入，社会问题与社会冲突的凸显与加深。要从根本上解决、防治这类事件还需要依赖于社会本身的发展，尤其是法治社会的发展。《维护社会稳定，路在何方？》一文通过具体案例给读者介绍什么是群体性事件，以及群体性事件分类、原因。在介绍完这些典型事件以后，该文指出：对于群体性事件，中国现行的法律法规采取了遏制暴力行为的处置方式。我国还应采取更多法治措施，包括党政统一领导、综合治理、积极公开引导舆论、问责和免责等措施。最后，该文特别强调，要从根本上化解群体性事件产生的冲突，还应当把“把权力关进制度的笼子里”，应当依法行政、关注民生、加强社会建设，提升人民物质和精神生活质量，公平分配利益，充分满足各种各样的民生需求等，建立和谐的、民主的政府与群众关系。

“法官是法律世界的国王，除了法律就没有别的上司。”马克思的这一名言强调的是法官对于案件裁量、法律适用的权威。随着全面依法治国的推进，司法专业化与司法民主化的协调成为一个重要的理论与实践问题。我们看到在一些案件中，民意对于我国的司法产生了重要的影响，尤其是随着网络与自媒体的发展。从上个世纪末河南某公安分局张金柱交通肇事案到近年来的药家鑫案、夏俊峰案、邓玉娇案等等，都显示了民意对于司法的影响。《民意与司法，谁主审判？》一文全面而深刻地介绍了这一事关法治建设、密切联系社会生活的重大现象。该文详细描述了以上这些著名案例，详细阐明出民意的积极作用与负面影响，既能监督和防范司法腐败、推动司法制度的发展，又可能干扰司法独立、破坏司法公正。作者还深入揭示了民意之所以如此具有影响力的原因：民意的背后涌动着当前中国最为严重的贫富分化、干群冲突等等社会问题。由于这些深刻的结构性问题得不到体制性的解决，因此当出现不同阶层之间冲突的个案时，这些案例就成为社会积怨和诉求的一个发泄渠道和突破口。如何推进民意的合法依序表达成为时下重要议题。该文最后提出的完善关于网络舆论的立法、完善针对新闻媒体的立法、落实审判公开制度三项平衡民意与司法的措施，既有理论价值，又有实践意义。

“严刑之下，能忍痛者不吐实，不能忍痛者吐不实。”在传统社会中，无论东西方，刑讯逼供都成为获取证据的重要手段，甚至是“牧民”之必须。欧洲反封建斗争中，刑讯逼供就成为了首当其冲的批驳对象，与此同时，无罪推定、禁止自证其罪、沉默权等相伴而生。与法谚不同的是，现代刑事司法不仅是从功能上对刑讯逼供进行否定，更是从保障人权角度对于刑讯逼供的正当性进行否定。这是刑事司法从野蛮走向文明、从落后走向现代的重要标志。不容否认，我国刑事司法中还一直存有刑讯逼供的问题，造成了一批冤假错案。《悲剧为何一再上演》一文作者从以杜培武、赵作海、王希连为代表具有重大影响力的冤假错案入手，对如今中国法律现实中还存在的刑讯逼供问题进行了深刻反思，指出刑讯逼供恶行存在症结所在：司法行政化与地方化长期存在，法院独立行使审判权还受到干扰，非法证据排除规则刚刚建立，无罪推定原则亟待推进，沉默权制度亟待确立。作者的结论及其论证正是刑事诉讼法再修改中被讨论的热点和焦点问题。

“法令者，民之命也，为治之本也。”《商君书》中的这一说法的合理性在于指出了法律对于治国理政的重要性。中共十八大以来，依法治国得到全面推进，形成法治国家、法治政府、法治社会协调发展的法治发展道路。近年来，我国医患暴力冲突呈“井喷式”爆发。中华医院管理学会的一项调查显示，全国有73.33%的医院出现过病人及其家属用暴力殴打、威胁、辱骂医务人员的情况，每所医院平均每年发生的暴力伤医事件高达27起，“医闹”已经严重影响到医疗卫生事业的健康发展，扰乱了社会的稳定与和谐。作为社会事件的医闹事件以及相关的医患关系问题的妥善解决则依赖法治社会的建设。《弑医的“逻辑”》一文以温岭杀医案为切入点，深入分析凶犯连恩青“弑医”背后的“逻辑”。为了修复这种“逻辑”，作者不仅从法律的视角阐明了医疗服务合同法律关系、瑕疵病历司法认定、医疗事故责任承担、“医闹”行为违法后果等相关法律问题，而且从思想意识的角度揭示了应当如何理性看待及包容医学未知性和医疗有限性。最后，作者对医疗体制改革中存在的顽疾和缺陷进行了剖析和反思，从改革医生考核评价机制、完善医院信息公开机制、引入第三方赔付保险机制、建立多元化纠纷解决机制四个方面提出了完善建议，以期使我国的医患关系得到根本性改善。

“让人民群众在每一个司法案件中都感受到公平正义。”习近平总书记对政法机关提出的这一努力目标和要求让每一个法律人都倍感振奋，也让每一个公民都倍感共鸣。近年来，“念斌案”“佘祥林案”“赵作海案”“杜培武案”等冤假错案的曝光，激起了公众对于防止冤案产生、实现司法公正的强烈要求，也引发了我国法学界和法律界对我国刑事司法制度的沉痛反思。每一个冤假错案的发生都是对刑事司法公正和公信力的巨大打击，如何预防冤假错案的产生是司法改革的重中之重。《刑事冤案中的专业问题认定》一文，作者通过对诸多冤假错案的产生原因进行分析，发现在刑事司法实践中忽视或滥用科学证据材料对司法公正产生巨大威胁。科学证据在司法领域中的应用为法官认定案件事实提供了新手段、新视角，审查科学证据并在审判工作中服务裁判者成为常态。但是，由于法官与诉讼参与人自身的知识和经验具有有限性，自行理解与把握案件中出现的专业性问题并不现实，这种知识盲点不仅影响控辩双方平等对抗，导致案件当事人对科学证据应用的不信任，而且会影响法官对案件事实的把握与判断。因此，构建并完善专家群体合理参与刑事诉讼的制度，成为预防冤假错案、实现公正审判的必然要求。

“社会主义市场经济首先是法治经济”，这是发展社会主义市场经济中最为著名的论断，强调的是市场中的各参与者应当在法律规则之下进行“游戏”。近几年来，万能险业务在我国保险市场的拓展使得一些中小险企实现了迅速发展。万能险业务本身的高回报率促使险企采用更为激进的投资手段。2015 年以来险资在股权证券市场大规模举牌，涉及资金数千亿元，“万宝事件”便是其中一例。从举牌方到被举牌方、再到投资者以及监管机构，市场各方的反应与行为都应依法进行。《规则之下的“权力的游戏”》一文从万宝事件着手，分析险资在证券市场运用与监管。险资合理进行证券市场是市场改革应有之义，但过于激进的运用则对于投保人、对于保险行业、对于金融系统、对于实体行业都产生一定风险。因而，从市场各方的参与到公司治理结构，再到金融监管的改革都成为讨论的话题。尤其是“十三五规划”中提出要加快金融体制改革，建立健全金融市场体系，尤其是要加强金融监管的改革。“万宝事件”中所暴露中的问题以及其有效解决对于金融监管改革、促进金融市场依法有序发展无疑具有重要的启示意义。

英国学者托马斯·富勒说：“人类受制于法律，法律受制于情理。”这句名言表达的是法律对人行为的规范作用，而法律本身应当立足于情理，这就是我们通常所说的“合法”与“合理”。从“天价葡萄案”到“许霆案”，再到“小鸟大案”，如何寻找这样一座桥梁，将刑罚的“合法”与“合理”贯通，将形式法治和实质法治有效地连接值得每一个人深思。《“合法”与“合理”的博弈》一文着眼于上述热点案件，对如何在保证目的充足的前提下，实现责任的合理量定；如何在尊重法律稳定性的基础上，实现刑法的谦抑性和刑罚的妥当性；如何在不断变化的社会发展轨道上，寻找出罪与刑最合理的判断视角等问题进行思考与论述。作者提出在未来的立法和司法过程中，首先，应当由片面依赖法律条文向全面发现案件事实转化，考虑行为与制裁的实践意义，实现罪刑法定原则对未来刑事制度的调整和优化的引领性价值；其次，要能动地分析案件事实，能动地连接行为人客观状态和考虑其带来的社会影响和社会代价；再次，要合理地对待民众的法感情，规范引导网络民意走向自律、客观、理性的轨道；最后，要坚持形式正义和实质正义的统一，使量刑的具体规则类型化合理化。

“法治应包含两重含义：已成立的法律获得普遍的服从，而大家所服从的法律又应该本身是制订得良好的法律”，亚里士多德的这一席话勾勒出法治的基本要素：法制的完备以及法制的良好。经过几十年的民主法治建设，中国特色社会主义法律体系已经建成。“良法”成为时下任务，而在我国扎根生长半个世纪之久的劳教制度逐渐展现出的是与法治理念、人权保障的悖离。唐慧案、任建宇案等惨痛的教训揭示着劳教制度内在的深刻弊端，也不断考问着维护稳定与权利保障的权衡关系。《劳教制度消亡及替代性制度之选择》一文从唐慧案着手，深入浅出地介绍了劳教制度的发展以及其弊端。庆幸的是，这位“妈妈”成了推动劳教制度废除的“最后一根稻草”，整个社会都在反思这个制度所带来的“罪与恶”。终于，2013 年第十二届全国人大常委会第六次会议通过决议，废除劳教制度。尽管对废除之后的制度建设仍在摸索之中，但可以确定的是，这是体制改革上的一小步，却是司法理念转型的一大步。

“有恒产者有恒心，无恒产者无恒心”，亚圣孟子的这句话至今都被奉为圭臬。在英国工业化、城市化浪潮中，出现了“羊吃人”的运动，失去劳动资料的人成为无产者。我国社会主义市场经济的发展中，一方面是城市建设用地严重紧张而农村却有土地“红海”，另一方面是 18 亿亩耕地红线必须保住，这关系国家安全，如何在充分保障产权基础上实现农村与城市协调发展基础上顺应工业化与城市化发展的浪潮是对执政党执政能力的一大考验。2008年《城乡建设用地增减挂钩试点管理办法》出台，规定了建设用地利用的增减挂钩。由此也产生了各种事件，引起了媒体的大量报道和学术界的热议。《农民上楼：喜还是忧》分析了“增减挂钩”的含义及必要性以及中西方城市化的比较，还引用了大量实例说明“增减挂钩”政策实施中所产生的现实问题。作者提出此项政策应当在充分征求农民意见的前提下谨慎实施。该文结合当前中国城市过程中产生的问题进行实证分析，理论与实践相结合，使文章具有较强的实践意义，从而对我国的城市化进程具有较大借鉴意义。

三

改革开放后，民主与法制事业得到恢复与重建，一大批法律规范得到制订与实施。邓小平同志提出，既要加快立法，又要严格执法，还要加强法制宣传教育。为了充分发挥法律的作用，1986年我国开始在人民群众中普及法律常识和开展法制宣传教育。随着六轮五年普法工作的实施，我国民众的法律意识不断得到提升，为依法治国奠定了坚实的社会基础。

随着民主与法治的进步，1997年中共十五大报告中提出：依法治国，是党领导人民治理国家的基本方略，是发展社会主义市场经济的客观需要，是社会文明进步的重要标志，是国家长治久安的重要保障。将依法治国作为治国理政基本方略，具有划时代的意义，是中国社会主义民主法治发展的里程碑，促进了我国法治事业的全面、迅速发展。至2010年，我国业已形成了以宪法为统帅，以宪法相关法、民商法、行政法、刑事诉讼法等多个法律部门的法律为主干，由法律、行政法规、地方性法规等多个层次法律规范构成的中国特色社会主义法律体系。中共十八大以来，刑法、诉讼法顺应时代进行修订，民法典也正在制订过程中，重点领域专门立法也在积极推进，中国特色社会主义法律体系的进一步得到完善。

2014年，中共十八届四中全会首次专题讨论依法治国问题，审议通过《中共中央关于全面推进依法治国若干重大问题的决定》，提出全面推进依法治国，总目标是建设中国特色社会主义法治体系，建设社会主义法治国家。全面推进依法治国，实现科学立法、严格执法、公正司法、全民守法，必须坚持法治国家、法治政府、法治社会一体建设。法治社会的建设是法治国家建设的基础，建设法治社会，就是要在全社会形成法治状态，实现全社会对法治的普遍信仰，自发自觉地学法、知法、守法、用法成为每一个公民拥护的社会风气。

“增强全民观念，推进法治社会建设”是全面推进依法治国的一项重大任务。法治宣传教育是提高全民素质、推动全社会树立法治意识、推动法治社会建设的一项基础性工作。不能否认，作为发展中国家，我国的法治体系还不够完善，法治事业建设还任重道远。随着社会转型的持续与深化，一些社会结构性矛盾仍有可能凸显，给我国全面建设小康社会带来风险。故此，一方面应当继续坚持法治理念，全面依法治国、全面从严治党；另一方面还应当继续以各种形式推动法治宣传教育，推动民众法律意识的形成与法律思维的运用。

2016 年是我国实施普法教育 30 周年，2017 年是依法治国作为治国方略实施的 20 周年。岁末年初，回忆点滴，作为一个长期从事法学研究、法学教育、法律实践的法律人，有幸以自己的方式见证并参与了我国建设社会主义法治国家的这一历史性过程，由衷为我国在法治建设中所取得的成就而倍感欣慰。“杨花榆荚无才思，惟解漫天作雪飞”，谨以本书为法治中国建设喝彩，为法治政府建设添砖，为法治社会献礼！

期待本书的出版，能够为您提供法律人看社会的思维方式，让法治精神在神州大地持续弘扬。

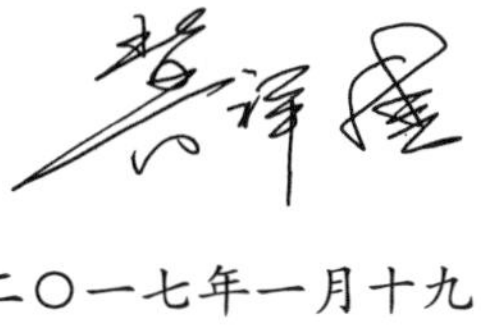

二〇一七年一月十九日

于国家方志馆

目录

当权力与权利碰撞，如何守护正义？
——从“雷某案”看法治在风险社会治理中的重要性

刘晨琦 *

理性的基本要求之一是必须尊重他人的人格和权利，法律是设计并用以加强和保障这种尊重的主要手段之一。

——黑格尔 ①

同专制相反，正义乃是对法律的正确适用。

——罗尔斯 ②

一　点燃舆情的“雷某案”

（一）“雷某案”回溯

“雷某案”起初引发公众的注意是当事人在被执法过程中死亡这一结果，而就其死因的讨论之中，有言论在很大程度上指向警方存在不当执法的情形，从而引起舆论的广泛关注。与此同时，警方在执法信息公布和舆论应对上有欠妥当，涉事双方（指警方和雷某家属）对事发经过各执一词，且并没有确凿的证据证明孰是孰非，在网络时代背景下，进一步引发了更为巨大的

＊　刘晨琦，法学博士，中国社会科学院法学研究所法律硕士教学管理办公室副主任。

①　E·博登海默:《法理学·法律哲学与法律方法》，邓正来译，中国政法大学出版社 1999 年版，第 81 页。

②　李龙:《法理学》，武汉大学出版社 1996 年版。

舆论效应。“雷某案”从发生到尘埃落定历时近八个月的时间，实际上大致可以分成三个阶段加以回溯：第一个阶段是以雷某为被执法对象的一起治安案件；第二个阶段以雷某为被害人、以执法人员为被指控者的刑事案件（严格意义上应当称为“邢某某等五人涉嫌玩忽职守罪案”，由于该案已被大家广泛知晓，因此依照习惯称之为“雷某案”）；最后一个阶段，则是在前述刑事案件程序完结后，有关部门对涉案警务人员给予党政纪处分。

> 2016 年 5 月 7 日 20 时许，昌平区昌平公安分局东小口派出所接到举报：雷某家附近针足疗店存卖淫嫖娼行为（@平安昌平说法）；21 时许，雷某出门坐地铁接机（雷家属说法）；21 时 20 分许，多位目击者称，雷某被 3 名便装男子追赶后暗道在距足疗店四五十米的地上（财新网）；此间雷某曾呼救，有围观群众曾拨打 110 报警；附近派出所警方到达现场，检查便装男子证件后放行，雷某被拖上面包车，试图跳车逃跑失败，被再次带上车；晚 22 时 09 分雷某被送往昌平区中西医结合医院急诊救治，口腔内有少量血性分泌物，头部有淤血；22 时 55 分经抢救无效死亡。5 月 8 日凌晨 1 时 01 分，雷某电话被东小口派出所民警接听，家属吴某被告知雷某死亡的消息；凌晨 4 时半，雷某家人见到其遗体。①

一时间，人大硕士涉嫖被抓身亡的消息点燃网络舆情，各种猜测、质疑和声讨也接踵而来。

5 月 9—12 日，北京市昌平区警方先后两次通报案件调查进展，涉事派出所副所长、足疗服务人员接受官方媒体采访，对事发过程进行了有关描述，② 并指雷某存在涉嫖行为。

---

① 参见刘晨阳等:《从程树良到雷洋，我们不是消费民主，我们只要真相》，http://www.toutiao.com/i6283225909256258050/，2016 年 10 月 30 日。

② 后经检察院审查起诉程序依法查明，事发（指针对雷某的执法活动并致其死亡）后，邢某某接受媒体采访时做虚假陈述，引发公众质疑，并与其他四名涉案警务人员故意编造事实、隐瞒真相，妨碍侦查。参见北京市人民检察院官网:《北京检方依法审查认定邢某某等五名涉案警务人员符合玩忽职守罪构成条件 综合全案认定犯罪情节轻微，依法作出不起诉处理》，http://www.bjjc.gov.cn/bjoweb/jcyw/91069.jhtml，2016 年 12 月 23 日。

2016年5月9日21时24分，昌平公安分局的官方微博 @平安昌平 首次就雷某案情发布消息称：5月7日20时许，昌平警方接群众举报称：位于昌平区霍营街道某小区一家足疗店内存在卖淫嫖娼问题。接警后，警方依法迅速开展查处工作。当晚，在该足疗店查获涉嫌卖淫嫖娼人员6名。其间，民警在将涉嫌嫖娼的男子雷某（29岁，本市人）带回审查时，该人抗拒执法并企图逃跑，警方依法对该人采取了强制约束措施。在将该人带回公安机关审查过程中，该人突然身体不适，警方立即将其送往医院，后经医院抢救无效死亡。① 昌平公安分局已将此情况通报检察机关。昌平区人民检察院已介入并开展侦查监督工作。目前，此次抓获的其他5人因涉嫌协助组织卖淫罪被昌平警方依法采取刑事强制措施。警方仍在进一步工作中。②

2016年5月11日凌晨1时44分，昌平警方再次公开案件情况如下：5月7日20时许，昌平警方针对霍营街道某小区一足疗店存在卖淫嫖娼问题的线索，组织便衣警力前往开展侦查。21时14分，民警发现雷某（男，29岁，家住附近）从该足疗店离开，立即跟进，亮明身份对其盘查。雷某试图逃跑，在激烈反抗中咬伤民警，并将民警所持视频拍摄设备打落摔坏，后被控制带上车。行驶中，雷某突然挣脱看管，从车后座窜至前排副驾驶位置，踢踹驾驶员迫使停车，打开车门逃跑，被再次控制。因雷某激烈反抗，为防止其再次脱逃，民警依法给其戴上手铐，并于21时45分带上车。在将雷某带回审查途中，发现其身体不适，情况异常，民警立即将其就近送往昌平区中西医结合医院，22时5分进入急诊救治。雷某经抢救无效于22时55分死亡。当晚，民警在足疗店内将朱某（男，33岁，黑龙江省人）、俞某（女，38岁，安徽省人）、才某（女，26岁，青海省人）、刘某（女，36岁，四川省人）和张某（女，25岁，云南省人）等5名涉嫌违法犯罪人员抓获。经审查并依法

---

① 后经检察院审查起诉程序依法认定，执法人员在此过程中存在不当执法，超出合理限度，致执法对象发生吸入性窒息；且在发现雷某身体出现异常后，未及时进行现场急救、紧急呼救和送医抢救。参见北京市人民检察院官网：《北京检方依法审查认定邢某某等五名涉案警务人员符合玩忽职守罪构成条件 综合全案认定犯罪情节轻微，依法作出不起诉处理》，http://www.bjjc.gov.cn/bjoweb/jcyw/91069.jhtml，2016年12月23日。

② 文章来源于北京市公安局昌平分局官方微博2016年5月9日《情况通报》，http://weibo.com/changpingpingan?is_all=1#_rnd1477924437817，2016年10月30日。

提取、检验现场相关物证，证实雷某在足疗店内进行了嫖娼活动并支付200元嫖资。目前，上述人员已被昌平警方依法采取强制措施。为进一步查明雷某死亡原因，征得家属同意后，将依法委托第三方在检察机关监督下进行尸检。①

与此同时，雷某的家属也接受了央视记者的采访，并对警方的查处过程提出多方面质疑。与诸多舆论表达的不理智形成鲜明对照，雷某的妻子在接受采访时表示："不考虑丈夫是否嫖了娼，只在意警方执法是否有问题"。②而据5月11日新华社报道，当日昌平区人民检察院新闻发言人称，昌平检方已依法介入调查雷某涉嫖被民警采取强制约束措施后死亡事件，市检察院将派法医协助参与调查。③

5月13日，应雷某家属要求的尸体检验工作启动。当日，检察机关在就介入"雷某涉嫌嫖娼被民警采取强制约束措施后死亡"事件的调查工作再次接受新华社记者采访时表示，北京检方"依法介入后，按照程序进行初查，已陆续开展对事发现场的勘验，向雷某家属、社区居民和办案民警了解核实情况，调取有关视频资料等工作。目前，尸体检验正在按程序并考虑雷某家属的意愿委托鉴定单位进行，北京市人民检察院派法医全程进行监督。已经提取的视频材料正在由市检察院技术部门进行检验鉴定。"④

至此，"雷某案"已经开始由一个单纯的警方以"扫黄打非"为目的的治安案件，逐渐升级为由检察机关展开初查、涉嫌职务犯罪的刑事案件。2016年6月1日，随着北京市昌平区人民检察院完成对"雷某涉嫌嫖娼被民

① 文章来源北京市公安局昌平分局官方微博。参见《关于一名涉嫌嫖娼男子在查处过程中突发死亡的情况续报》，http://www.legaldaily.com.cn/index_article/content/2016-05/11/content_6620456.htm?node=5955，2016年10月30日。

② 参见刘晨阳等:《从程树良到雷洋，我们不是消费死亡，我们只要真相》，http://www.toutiao.com/i6283225909256258050/，2016年10月30日。

③ 参见中国新闻网:《检方介入调查雷洋被采取强制约束措施后死亡事件》，http://news.china.com/domesfic/945/20160512/22631780.html，2016年10月30日。

④ 关于本案情况，参见《北京检方：尸检考虑雷某家属意愿委托鉴定单位进行》，http://www.bjjc.gov.cn/bjoweb/rdxw/88017.jhtml，2016年10月30日。

警采取强制约束措施后死亡”线索的初查工作，认为符合立案侦查条件，北京市人民检察院决定将该案交由市检察院第四分院立案侦查，检察机关控告申诉检察部门还向雷某家属吴某某通报了检察机关办理案件情况。[①] 昌平警方也从行政行为的主体，转而成为刑事侦查的目标和刑事指控的对象。

在法律上，“雷某案”涵盖两个阶段，分属不同性质。前一阶段是昌平警方依据《中华人民共和国治安管理处罚法》等相关法律法规对雷某进行治安查处的行政案件；后一阶段从检察机关决定对邢某某等 5 人立案侦查之日起，至检察机关依法作出不起诉决定之日止，“雷某案”指的是检察机关依据《中华人民共和国刑事诉讼法》等法律和相关司法解释对邢某某等人涉嫌渎职犯罪进行侦查和审查起诉的刑事案件。

（二）舆论的声音

“雷某案”引发的舆论狂潮可谓是空前的，当然，随着案情进展的扑朔迷离，舆论焦点也一波三折。

首先是针对昌平警方的舆论“暴打”。雷某突发死亡的消息第一时间在网络中出现时，有网友反映最初的消息经历了“被删”风波，加之昌平警方在 5 月 9 日晚即该事件发生近 48 小时后方才发布相关情况，也被微博网友反映有留言被删除的问题。微信中转载的关于事件情况的最初报道也陆续出现无法浏览的情况，一系列现象使得有关雷某死亡原因的讨论更加发酵，乃至达到舆情的燃点。其间，舆论几乎一边倒地指向警方，认为如果不是警方执法行为的失当，为何在长达近 48 小时的时间里不给公众一个交代，而且有针对性地进行“删帖”且不肯公开执法记录，于是一些猜测将雷某的死因归咎于警方的问题执法，更有人翻出 14 年前情形相似的湖北教授程树良案 [②] 进行类比，对现实状况表示一定程度的失望。

随后，部分“人大校友”集体发表公开信为雷某鸣不平，然而措辞之激

---

① 关于本案情况，参见《权威发布：北京市检察机关依法决定对邢某某等五人立案侦查》，http://www.bjjc.gov.cn/bjoweb/rdxw/88275.jhtml，2016 年 10 月 30 日。

② 程树良案是发生在 2002 年的一起事件，当时的《南方周末》有一篇题为《教授回家奔丧，被发现死在黄梅的大街上》的报道，讲武汉某高校教授程树良回老家奔丧后进到路边一家发廊被警方查处过程中死亡的事件，警方事后通告是：程树良嫖娼，民警接店老板举报将其抓获，在押往警局时程跳车身亡。

烈、情绪化之鲜明也引发了部分校友不同的声音。① 紧接着舆论继续发酵，大家以各种方式讨论着雷某的死因、根据仅有的片面的新闻报道中的“事实”不辞辛劳地论证着雷某从家到足疗店的时间推算其嫖娼是否可行，进而演化到讨论其嫖娼的各类细节，对此，有媒体指出“全民讨论雷某嫖娼的细节，对真相严重失焦”，而在报出邢某某为中国政法大学毕业生后，个别教授带有“有罪推定”的言辞（网传）及“人大校友”与“法大校友”的“口水激战”着实令人哭笑不得。这些现象的背后也反映出网络时代背景下，部分不明真相而又难辨是非的人们将社会热点事件的讨论作为泄愤的渠道，抑或抱着一种看客心态不负责任地信谣传谣，抑或将民意表达异化为盲目的立场之争。

与此同时，相关新闻报道很快占据了各大媒体的头条。澎湃新闻、财新网、腾讯网、《人民日报》官微、央视、《新京报》、《北京青年报》等媒体相继对该事件进行了追踪报道。这其中就警方执法过程是否失当的讨论，《人民日报》官微于 5 月 10 日发表以“以公开守护公正”为题的长微博，敦促有关机关尽快公开具体案情，维护社会公正；央视、北京电视台等采访该事件当事人并进行了专门报道，央视在 5 月 11 日下午就公众舆论普遍关注的现场拍摄设备问题、雷某是否嫖娼问题、涉黄足疗店不在出警派出所辖区的问题、死者身上的伤痕产生原因、其被带到车上之后发生了什么、有否暴力抗法的问题、死者手机内的位置记录被删除的问题、确认死亡之后未及时通知家属等一系列问题专访了负责指挥治安查处活动的派出所长邢某某②；北京台则采访了被采取涉黄足疗店违法嫌疑女子，其本人受访时讲述了足疗店内事情经过，并说帮雷某打了飞机。③ 至此，虽许多非理性声音仍在，但越来越多的声音呼吁关注法律程序、还原事实真相。随着检察机关开始介入进行案件初查而后立案侦查，舆论逐渐得以冷却。

---

① 参见新京报:《人大多名校友发公开信呼吁独立公正调查雷某之死》，http://news.ifeng.com/a/20160511/48752335_0.shtml，2016 年 10 月 30 日。

② 参见《雷洋案当事民警：手机录像视频将适时公布》（原标题:《雷洋死亡当晚到底发生了什么？央视记者专访当事民警》），http://news.sina.com.cn/c/nd/2016-05-11/doc-ifxryhhi8659364.shtml，2016 年 10 月 30 日。

③ 参见《雷洋案足疗女露面受访》，http://news.sina.com.cn/c/nd/2016-05-11/doc-ifxryhhh1919231.shtml，2016 年 10 月 30 日。

二　雷案成为社会焦点的法律视角评析

（一）比例原则：知易行难

根据以上案情介绍，雷某被民警发现后反抗激烈，两次试图逃跑，两次被控制。在第二次被拖到车上时，身体已瘫软，无反抗能力。于是许多人质疑：对于违反我国《治安管理处罚法》的行为，是否必要使用较为暴力的执法手段？这便涉及对行政法上重要的基本原则“比例原则”的理解和适用问题。

比例原则作为基本权利的适用方法表明了对基本权利主体的立场。正如德国联邦宪法法院（BVerfG）所做的表述，“比例原则源于法治国原则，它是基于基本权利自身本质的需要，作为表述公民对抗国家的一般自由诉求的基本权利，只有当为了保护公共利益时，才能被公权力合比例地予以限制”[①]。从19世纪末一位德国的行政法学者第一次关于“警察权力不可违反比例原则”[②]的主张，到1923年该书的第3版中提出的“超越必要性原则即违法的滥用职权行为”，再到20世纪初德国行政法学界用来形容警察行使权力的限度的“不可用大炮打小鸟”[③]的名言，“比例原则逐渐被立法者所接纳，并逐渐写入法典当中”[④]。随着民主与法治理念的不断发展，比例原则超越了警察法的界域，被赋予宪法性的地位。比例原则要求，除非公权力主体所追求的目的是必要的，否则，个人的自由不能被恣意地强烈侵犯，即使有必要加以侵犯，侵犯的影响与所追求的目的也应当均衡。[⑤]比例原则的确立对于合理划分国家权力与公民个人权利的界限，防止国家权力的滥用、保护公民个人权利具有十分重要的意义。

比例原则有广义和狭义之分，广义的比例原则的内涵可以通过妥当性原

---

① BVerfGE 19,342（48 f.）转引自［德］安德烈亚斯·冯·阿尔诺:《欧洲基本权利保护的理论与方法——以比例原则为例》，刘权译,《比较法研究》2014年第1期。

② 德国行政法学者奥托·迈尔在1895年出版的《德国行政法》一书中首次提出这一主张。

③ 德国另一位行政法学者弗莱纳在《德国行政法体系》一书中提出这一名言。

④ 1931年的《普鲁士警察行政法》规定，警察处分必须具有必要性方属合法。同时该法第14条对必要性定义为:“若有多种方法足以维持公共安全或秩序，或有效地防御对公共安全或秩序有危害之危险，则警察机关得选择其中一种，惟警察机关应尽可能选择对关系人与一般大众造成损害最小方法为之”。参见李燕:《论比例原则》,《行政法学研究》2001年第2期。

⑤ 参见［德］安德烈亚斯·冯·阿尔诺:《欧洲基本权利保护的理论与方法——以比例原则为例》，刘权译,《比较法研究》2014年第1期。

则、必要性原则与均衡原则（也即狭义的比例原则）三个子概念共同组成。妥当性原则主要体现在“最后手段原则”；必要性原则可以通过“最少侵害原则”来诠释，主要体现在适用手段的选择、适用对象及其范围、适用期限等的设定上，即在有多种方法能够同样达成目的时，应当选择对公民权益侵害最少的方法或手段；均衡原则即所采行的方法造成的损害应当与所要达成目的之利益相衡平。其内涵是如果权力行使的目的是出于保护国家的公共利益，那么当实现这一目的的手段可能会对公民的基本权利造成侵害时，这种侵害的程度必须限制在与所欲保护的国家利益相衡平的范围之内，且对于那些可能因为公共利益的保护而使权利受到侵犯的无辜者以必要的关照。

在“雷某案”的第一阶段，警方对其涉嫖行为进行查处依据的是我国《治安管理处罚法》第66条有关嫖娼违法行为的规定，据此，对于雷某涉嫖行为所损害的法益与雷某死亡后果之间、抓获雷某所存在的社会危险性与企图制服其所采取的手段和方法之间，都涉及妥当性、必要性和均衡性的考量。然而，经侦查机关和公诉部门查明，邢某某等人对雷某执法过程中实施了脚踩颈面部、强行拖拽上车等行为，致使雷某体位多次出现变化；执法行为超出合理限度，致执法对象发生吸入性窒息；不履行职责，在发现雷某身体出现异常后，未及时进行现场急救、紧急呼救和送医抢救，致执法对象未得到及时救治，以致发生死亡结果。由此可见，邢某某等人的执法行为显然违背了妥当性、必要性与均衡性，违反了比例原则的要求。

（二）信息公开：一般性与特殊性的考量

在雷某案中，5月8日已经被媒体称为舆论焦点的案件，警方却迟迟未发布消息、三缄其口，直到9日21时24分即事件发生近48小时的时候才公布一条信息，而公布的内容又十分笼统概括，对细节问题尤其是公众希望知晓的雷某死亡原因并未涉及，内容难经推敲。笔者对平安昌平的微博跟帖进行了粗略统计，发现至少有80%的评论皆有关于雷某，此中不乏借此事件对进行批判、谩骂甚至侮辱的言论。浏览该微博公众号自雷某案之后发布的新闻，通常是转帖，但无论是人民警察救灾抢险、维护道路交通安全、安全保卫工作，还是打击电信诈骗、打击毒品犯罪等正常的执法活动，都被跟帖质询雷某案的后续进展问题。更有论者将昌平警方乃至全国的警察行业“一棒子打死”，由此可见雷某案处理过程消息公布不详、迟滞等问题所带来负效应之大。这次事件在一定程度上令人民警察在部分百姓心中本已不甚理想的形象再次受到冲击，警察队伍当中许多同志也因此承受着本不该承受的委屈和压力。①

信息公开不到位不仅影响政府信息公开主体自身的公信力，同时难以保障公民受法律保护的知情权。《中华人民共和国政府信息公开条例》第9条规定，“行政机关对涉及公民、法人或者其他组织切身利益、需要社会公众广泛知晓或者参与的政府信息应当主动公开。”《公安部关于在全国公安机关普遍实行警务公开制度的通知》中要求：“公安机关的执法办案和行政管理工作，除法律法规规定不能公开的事项外，都要予以公开。”《公安机关贯彻实施〈全面推进依法行政实施纲要〉的意见》中提到：“除涉及国家秘密和依法受到保护的商业秘密，个人隐私的事项外，各级公安机关应当将社会治安和公安执法的信息向社会公开。”公安部于2012年制定出台并于2013年1月1日实施的《公安机关执法公开规定》第9条规定，“公安机关应当向社会公开涉及公共利益、社会高度关注的重大案事件调查进展和处理结果，以及公安机关开展打击整治违法犯罪活动的重大决策。”笔者认为，根据知情权制度的要求，信息公开一定是以公开为原则，以不公开为例外的。对于应当公开的信息，公安机关应当及时、有效、全面、真实地予以公开。而具体到雷某案来讲，一方面要看属于法律法规要求的应当公开的信息，昌平警方是否及时全面如实进行了公开；另一方面，则要看本案例中是否有法律法规规定的不予公开的例外情形。而这又涉及两个具体问题的讨论：第一，昌平警方进行信息公开的义务是否有法律依据；第二，邢某某接受央视采访披露事件信息是否妥当。邢某某在央视媒体上接受记者采访披露事件的有关情况，在严格意义上并不属于上述法规或规范性文件规定的“政府信息”或者是重大事件“调查进展”，因为作为行政行为主体，他所陈述的是其过去发生的具体行政行为及此后的一系列情形；而如果是作为刑事侦查对象，他应当在侦查机关讯问时进行有关供述或辩解。这就要看是检方侦查机关初查在先，还是邢某某接受专访在先。同时，对尚处在诉讼初期等审前调查阶段的案件进行公开时，笔者建议在措辞上严格遵循无罪推定的基本原则，避免对案件的审判等产生不必要的影响。拉德布鲁赫曾犀利地指出，控告人如果成为法

① 在笔者业已完稿之时，检方最终对邢某某等5人决定不起诉的结果于12月23日公布，继而明确了邢某某在接受采访时“披露”的信息为虚假陈述，系故意编造事实和隐瞒真相，误导大众。然而，即便邢某某陈述的内容真实，此处的讨论仍然或者说更加有意义。

官，就需要上帝作为律师。[①] 这句名言从侧面折射出侦查中心主义观念及其形成的弊端。如果一个案件尚处于侦查阶段就被盖棺定论，控告人凌驾于审判者的角色之上，那么便没有控辩双方的平等武装和平等保护，也便无法获得刑事审判的实质正义。

关于昌平警方于 5 月 11 日第二次披露相关信息，其表明检方已经介入该案初查。那么，作为案件主体一方，其单方面披露有关案件信息的行为又是否得当，尤其是在另一方当事人已经死亡的前提下，这种单方信息得不到质证，也容易使受众形成先入为主的印象，形成潜在的舆论审判压力。侦查机关通过官微等媒介披露案件进展的例子不胜枚举，作为行政执法或刑事侦查主体的公安机关在个案信息的公开方面是否应当既遵循原则，也考虑特殊性？

第一，行政执法的权力主体主要是执法机关，尤其是在“谁执法、谁普法”的今天，对于违法行为公之于众并加以纠正对于加强民众知法、守法的自觉性，强化监督具有积极的作用，当然，涉及国家秘密、商业秘密和个人隐私的除外。在“雷某案”中，警方对于针对雷某的执法行为内容等信息，无疑属于前述法律法规规定的应当公开的信息范畴。至于如借由涉及个人隐私而拒绝将执法记录公开，则要进一步讨论民法上个人隐私的范围或界限问题。

第二，刑事侦查活动与行政执法活动有着质的不同：刑事侦查是刑事司法的一部分，而且是刑事诉讼的开端，刑事审前程序是否公正很大程度上影响着刑事审判的质量。而刑事审前程序同样需要遵循无罪推定这一刑事诉讼的基本原则。在无罪推定原则的背景之下，“在法官判决之前，一个人是不能被称为罪犯的。只要还不能断定他已经侵犯了给予他保护的契约，社会就不能取消对他的公共保护”[②]。无罪推定作为刑事诉讼的一项基本原则，虽然其直观体现主要集中在司法审判的部分而非侦查部分，但是结合以上对无罪推定内涵的分析可以看到，其精神实质在侦查环节同样得到重要体现，“无罪推定建立在个人权利优位的理念基础上，强调对刑事诉讼中的国家权

---

① 参见［德］拉德布鲁赫：《法学导论》，米健、朱林译，中国大百科全书出版社 1997 年版，第 100 页。

② ［意］切查利·贝卡利亚：《论犯罪与刑罚》，黄风译，中国大百科全书出版社 1993 年版，第 31 页。

力行使加以约束，它要求无论采取何种侦查措施，包括搜查、拘留、逮捕、监听等，只要涉及对公民权利的明显干预，政府都应当证明其正当性”[①]。具体到本案当中，邢某某等 5 人虽然涉嫌玩忽职守罪，但这仅是侦查机关对其行为进行侦查后的初步认定，我们始终需要清醒地认识到，其是否有罪，不在侦查或者审查起诉阶段确定，而是有赖于法院通过严格公正公开的审判程序予以裁判。因此，值得强调的是，刑事司法行为本身的相对于行政执法行为的特殊性，并不能成为不公开的理由；但是，在执法过程终结前相关信息的提前片面泄露，确实可能对执法对象、利害关系人造成不良影响，对裁制者与执法者构成无形压力，造成未审先定的舆论审判局面。[②] 法治发达国家和地区对于司法公开的媒体报道通常都规定有严格的界限，如报道的内容不得侵犯公民私生活之利益，不得超越法院限定的范围等。[③] 因此，就侦查机关对侦查阶段所做的有关调查和结果的披露，则当慎之又慎，即使需要对案情进行全面披露，也应当注明是侦查阶段的信息，避免误解。

很重要的一点是，我们在日常的学法和普法过程中，要摒除“侦查中心主义”和“有罪推定”的观念残余，以“雷某案”为例，检察机关宣布对“雷某案”立案侦查，对嫌疑人采取逮捕的强制措施等，仅仅是认定其有玩忽职守罪的嫌疑，未经法院依法判决尚不能认定其有罪。若像该新闻出现时许多民众便因此认定警方有罪，亦是缺乏法治思维的体现。正如有学者所指出的，民意对案件事实和性质的认知往往建立在媒体报道的基础之上，因此，民意非常容易被媒体牵着鼻子走。很难想象，如果没有媒体的追踪报道以及舆论的巨大压力，“李刚案”的处理结果是否还与今天一样；而被誉为“舆论之锋初亮剑”的张金柱案，如果没有强大的舆论监督，张金柱是否可能利用其公安局长的职务“化干戈为玉帛”也不得而知。[④] 如果没有舆论之于审判的巨大压力，也许杜培武、佘祥林等案也许不会有“亡者归来”“真凶再现”这样的悲剧。反观“雷某案”，鉴于作为公权力机关的邢某某在国

① 陈学权、秦策:《比较刑事诉讼国际研讨会会议综述》，载陈光中等《比较与借鉴：从各国经验看中国刑事诉讼法改革路径》，中国政法大学出版社 2007 年版，第 459 页。

② 周汉华:《误读与被误读——以公安机关刑事执法信息公开看〈政府信息公开条例〉修改》，载《北方法学》2016 年第 6 期。

③ 参见冀放、冀祥德:《司法公开的审查和限制》,《求是学刊》2014 年第 4 期。

④ 参见冀放:《民意与司法关系的理性解读》,《中国司法》2012 年第 6 期。

内知名度极高的央视媒体上接受采访并从警方的角度陈述了有关情况，实际是对于一个处于案件初查阶段的案情予以不当披露，难免对另一方当事人产生不利，进而造成公众先入为主的印象，法院如果就此片面地追求司法的社会效果，可能会影响其依法作出公正判决。这便是我国当前以审判为中心的诉讼制度改革的应有之义，必须从根本上树立审判的中心地位，对警察权进行严格的司法控制，对证据的收集和裁判都要严格按照法律规定的要求，未经人民法院依法判决对任何人不得确定有罪。由此可见，司法公开、舆论监督也要在以审判为中心的观念指导下进行。就执法主体而言，一方面要遵循原则履行信息公开的义务，另一方面要把握信息公开的边界，进行特殊性考量，即考虑案件涉及的不同因素，选择最恰当的时间点，在个案中实现不同价值之间的平衡。①

（三）正义不能迟到，更不能缺席

英国著名的法谚讲：迟来的正义非正义（Justice delayed is justice denied）。这里所讲的正义，不仅指实体正义，更包含程序正义。程序正义是基于正当法律程序原则的程序性价值，它的理论基础在于为防止不受制约的权力被滥用，保障公民的权利免于强大的国家公权力的侵犯。程序正义具有不依附于实体正义的独立的内在价值，是实体正义的基础和前提。程序正义得不到保障，何谈实体正义？程序正义一旦被减损，其价值的恢复几乎是不可逆的。就本案而言，从广义上讲，雷某于 2016 年 5 月 7 日 22 时 55 分医院抢救无效宣布临床死亡，却在 8 日 1 时许家属才联系到死者手机，才被告知雷某死亡的消息；而在公众一致要求警方公布真相的时候，警方迟滞拖延。警方拖延告知家属死者死亡信息、拖延公布案情的这些行为，除非事后通过相关证据证明确有其合理原因，否则对程序正义的价值具有不可逆转的减损，即便警方所采取的行动和目的都是合法的，也会对其行动的初衷多打一个问号。从狭义上讲，在刑事诉讼当中，只有法官经过客观公正严格的司法审判程序所得出的结论才具有终局性，本案中警方虽然在接受电视采访时称，后来发现雷某的手机在激烈的制服和抗拒过程中遗落在草丛，后又被捡回而因此耽误了与家属联系，但警方作为一方主体的陈词是可疑的，必须通过审前程序

---

① 参见王均平、焦俊峰：《新政策环境中的警务信息公开研究》，《江苏警官学院学报》2003 年第 2 期。

对相关视频资料、证人证言和电子数据等证据材料进行充分的调查取证、审查认定，在审判阶段予以质证、认证，并最终认定有关事实和证据。司法实践生动地表明，正义终将到来，而且须以看得见的方式实现。

为保证正义以公民看得见的方式实现，就需要法庭的审判基于事实和法律，对双方提供的证据进行严格审查，做到不偏不倚。党的十八届四中全会作出的《关于全面推进依法治国若干重大问题的决定》明确提出，要推进以审判为中心的诉讼制度改革，进一步严格了规范取证的要求，并要求建立执法全过程记录制度，推动严格规范公正文明执法，确保案件处理经得起法律和历史的检验。这便要求侦查机关在执法过程中必须严格依法取证、固定证据，并依法移送公诉、审判机关，作为审判机关的法院对有关证据进行调查核实。在该案中，"执法记录"是重要的证据来源。警察接受官方媒体采访所澄清的几个问题背后，仍有疑问：1. 私人手机是否可以用作执法记录工具？2. 执法记录仪在便衣侦查时可以不戴吗？[①] 依据的是什么法律法规或规范性文件？在执法实践层面，根据笔者对北京及地方公安机关派出所民警的有关调研，绝大多数民警表示，无论是否便衣出警，都会佩戴执法记录仪，在执法过程中会优先使用执法记录仪，在执法记录仪不能进行执法记录时，也可采用手机等能够实现执法记录的设备进行。在法律规定方面，修订后的《刑事诉讼法》对依法收集、固定证据提出了更高要求，公安部也专门对执法记录仪取证活动进行了规范，要求各级公安机关紧紧围绕规范权力运行这一核心，进一步构建高效严密的执法管理和责任体系，从源头上预防和减少执法问题的产生；要求充分利用现场执法记录设备等手段，实现对执法活动的全程记载，确保所有执法活动都有据可查、所有执法活动都可回溯式管理，强化对执法活动的监督约束。为此，2015 年 5 月 27 日，公安部在江苏省徐州市召开全国单警执法视音频记录系统建设现场推进会。会议总结了近年来全国公安机关执法记录仪建设与应用情况，就加快推进单警执法视音频记录系统建设与应用、积极促进法治公安建设等工作进行了再部署。

实际上，2014 年以来，公安部党委确立了大力推进基础信息化、警务

① 邢某某接受央视采访时介绍，因为这是便衣行动，而执法记录仪都是挂式的，夏天穿的衣服比较单薄，执法记录仪没法挂。"手拿着会非常明显"。参见 http://news.sina.com.cn/c/nd/2016-05-11/doc-ifxryhhi8659364.shtml，最后访问时间：2016 年 10 月 30 日。

实战化、执法规范化、队伍正规化“四项建设”的工作思路，专门作出了深化执法规范化建设、全面建设法治公安的决定，其中就包括完善执法记录仪的科学管理，提出“出警必带，处警必用，资料必存，登记翔实，专人管理”的原则。

就在“雷某案”发生后不久，公安部为贯彻落实党的十八届四中全会《关于全面推进依法治国若干重大问题的决定》提出的关于建立执法全过程记录制度的要求，制定并于2016年6月14日向全国公安系统印发了《公安机关现场执法视音频记录工作规定》（以下简称《工作规定》）。《工作规定》中特别约束了“应当”使用执法仪的情形和“应当重点摄录的内容”，并强调了摄录过程的全程性和完整性要求。其中，第4条规定：“对于以下现场执法活动，公安机关应当进行现场执法视音频记录：（一）接受群众报警或者110指令后处警；（二）当场盘问、检查；（三）对日常工作中发现的违反治安管理、出入境管理、消防管理、道路交通安全管理等违法犯罪行为和道路交通事故等进行现场处置、当场处罚……”同时，第6条严格规定了执法记录的全程性和完整性：“开展现场执法视音频记录时，应当对执法过程进行全程不间断记录，自到达现场开展执法活动时开始，至执法活动结束时停止；从现场带回违法犯罪嫌疑人的，应当记录至将违法犯罪嫌疑人带入公安机关执法办案场所办案区时停止”。此外，第7条对现场执法视音频记录应当重点摄录的内容进行了列举性规定，执法现场环境、违法犯罪嫌疑人、被侵害人和证人等现场人员的体貌特征和言行举止以及重要涉案物品及其主要特征以及其他可以证明违法犯罪行为的证据都被规定在内。[①] 回过头来审视“雷某案”中警方的处置，首先其没有佩戴执法记录仪的行为缺乏法律依据、有失规范，其次，手机在打斗中摔掉不能成为执法记录灭失的理由，执法记录作为判断警方在执法过程中行为性质或情节轻重的直接证据材料，应当保持完整性。对涉嫌违法犯罪人员进行的盘查和抓捕过程，更加彰显程序正义的价值，程序正义是实体正义的基石，失去了程序正义的保障，实体正义无从谈起。

① 参见《公安机关现场执法视音频记录工作规定》，http://www.ahxb.cn/c/1/2016-06-21/3061.html，2016年10月31日。

三 法律视野下对“雷某案”的理性审视与反思

（一）从程树良到雷某：程序正义离我们越来越近

14 年前的 2002 年 5 月 9 日，“44 岁的教授、硕士生导师、九三学社武汉理工大学副主委、国家科技进步三等奖得主”程树良和弟弟程树翔从武汉一起回故乡湖北黄梅县奔丧。参加完父亲的葬礼后，11 日清晨 7 时半在黄梅县城街头散步，8 时许进入一家发廊。8 时 30 分，他被发廊老板举报嫖娼，10 分钟后，一辆昌河微型面包车赶来，下来两个警察，将他抓上车。9 时 10 分，有目击者听到“嘭”地一响，接着“吱”地一声刹车，一个人仰面朝天躺倒地上，鼻子流血，人在抽搐，他就是程树良。11 时许，程树翔接到黄梅县委许副书记电话，要他立即赶往医院，称他哥哥程树良因嫖娼被举报，在警车押往派出所途中跳车身亡。黄梅有警察承认，在黄梅抓到一个嫖客罚款 3000 到 5000 元，他们确有创收任务。这一事件在当时引起当地百姓的不满。程树良的妻子辗转找到同济医学院的法医刘良，希望其参与死者的死因鉴定。到黄梅后，（刘良）与赶来参加尸检的黄冈市检察院、黄冈市公安局的法医一接触，发现他们都是他的学生。学生见了老师，自然会恭敬，但开始也不能做主接受刘良参与到尸检中。由于程树良妻子的一再坚持，此事一直交涉到次日凌晨 2 时。最后，黄冈市公检两家表示，经向上级汇报，同意刘良加入这次尸检工作……最后的鉴定结论是：“程树良系坠落而死于严重颅脑损伤”。结论出来后，家属不服，又申请公安部的法医来鉴定，鉴定结论与刘良等人的完全一致。①

14 年前的真相已被漫长的时间切割碾碎。然而，对比 14 年后的今天，纵观北京市人民检察院官方网站发布的消息，我们能够看到法治尤其是刑事程序法治的进步：5 月 13 日，“北京检方：尸检考虑雷某家属意愿委托鉴定单位进行，检察院派法医全程进行监督。检方按照程序进行初查，已陆续开

① 关于本案情况，参见《法医刘良和他鉴定的大案》，http：//blog.sina.com.cn/s/blog_5ff29ca40101 cjzj.html，2016 年 10 月 30 日。

展对事发现场的勘验，向雷某家属、社区居民和办案民警了解核实情况，调取有关视频资料等工作。已经提取的视频材料正在由市检察院技术部门进行检验鉴定”①；6月1日，“昌平区人民检察院完成对案件初查，依法决定对邢某某等五人立案侦查，按程序通知家属”②；6月8日，北京市人民检察院第四分院职务犯罪侦查局分别约见了涉案警务人员和雷某家属聘请的律师，通报了检察机关对邢某某等五人立案侦查的情况，认真听取和征求了相关律师对检察机关办理此案的意见和建议，收取了有关人员提供的相关材料；6月26日下午，检察院邀请雷某死亡案件涉案警务人员邢某某等人聘请的律师和死者雷某家属聘请的律师召开座谈会，听取双方律师意见建议；③6月27日，北京市人民检察院召开雷某尸体检验鉴定意见专家审查论证会，表示对专家指出的需要补充鉴定的内容依法补充鉴定等；④6月30日，北京市人民检察院第四分院依法告知和公布雷某尸检鉴定意见，并认为，“涉案警务人员在执法中存在不当行为，昌平公安分局东小口派出所副所长邢某某、辅警周某起主要作用，且在案发后有妨碍侦查的行为。根据其行为性质和办案实际需要，北京市人民检察院第四分院已报请北京市人民检察院批准变更强制措施，对邢某某、周某以涉嫌玩忽职守罪依法决定

① 关于本案情况，参见《北京检方：尸检考虑雷某家属意愿委托鉴定单位进行》，http://www.bjjc.gov.cn/bjoweb/rdxw/88017.jhtml，2016年10月30日。

② 参见《北京市检察机关依法决定对邢某某等五人立案侦查》，http://www.bjjc.gov.cn/bjoweb/rdxw/88275.jhtml，2016年10月30日。

③ “北京市人民检察院、市检四分院邀请雷某死亡案件涉案警务人员邢某某等人聘请的律师和死者雷某家属聘请的律师召开座谈会，认真听取双方律师关于案件办理、有关检验鉴定工作的意见建议，同时向双方律师介绍有关工作进展情况，检察机关强调雷某尸体检验鉴定机构的委托依法合规，对鉴定工作安排了全程的监督。与会律师充分发表了意见，对有关工作提出了建议。检察机关强调会依法独立客观公正办理案件，依法保护各方合法权益，依法保障律师执业权利。”参见《北京检方邀请雷洋死亡案件有关律师听取意见》，http://www.bjjc.gov.cn/bjoweb/tpxw/88571.jhtml，2016年10月30日。

④ “北京市人民检察院邀请中国医科大学法医学院、西安交通大学法医学院、四川大学华西基础医学与法医学院、中山大学中山医学院、北京协和医院、公安部物证鉴定中心等单位的全国法医学、病理学知名专家就鉴定机构提交的雷某尸体检验鉴定结论进行审查论证。与会专家充分肯定了检察机关委托的鉴定机构前期所做的工作深入、细致、客观，并对检验鉴定结论依法进行了审查论证，指出了需要补充鉴定的内容。检察机关认真听取了与会专家的审查论证意见，将依法安排补充鉴定，科学运用检验鉴定结论，确保案件依法独立客观公正办理。”参见《北京市人民检察院召开雷洋尸体检验鉴定结论专家审查论证会》，http://www.bjjc.gov.cn/bjoweb/jcyw/88610.jhtml，2016年10月30日。

逮捕”① 。作为刑事案件侦查机关的北京检方，从案件初查到立案侦查，再到变更强制措施；从尊重死者家属对鉴定单位的意见到主动听取双方律师的意见，再到组织尸检的专家论证会和补充鉴定，侦查机关在刑事诉讼过程中更加注重发挥程序正义的价值，这些是从 14 年前有关程树良案的报道中所看不到的。值得一提的是，6 月 25 日，邢某某的辩护律师还曾向检察机关提出更换鉴定机构的法律意见，这从一个侧面也反映出当前对于辩护律师权利的保障是有进步的，正所谓“我不同意你的观点，但我誓死捍卫你说话的权利”。9 月 9 日，北京市检察院第四分院根据《中华人民共和国刑事诉讼法》的有关规定，听取“雷某案”5 名涉案警务人员辩护律师的意见，对于辩护律师提出的意见记录在案，对于辩护律师准备提交的书面意见将予附卷。同时，检察机关还应雷某家属聘请的代理律师的要求，听取了意见，并已收取了材料。② 2016 年 11 月 29 日，耗时已久的“雷某案”终于又有了消息：北京市人民检察院第四分院对“雷某案”涉案警务人员邢某某、孔某、周某、张某某、孙某某等 5 人涉嫌玩忽职守案侦查终结、依法移送公诉部门审查，并对犯罪嫌疑人孔某、周某、张某某、孙某某等 4 人取保候审。从程序法角度观察，着实为该案处理过程中的办案期限捏一把汗。但当我们纵观雷某案的一系列进展，我们能够感受到，我国法治进程中司法公开的逐步落实，对警察权力的监督不断加强，公民法治意识的日益觉醒。

回看过往，由于职务人员涉嫌渎职而导致的非正常死亡事件岂止一二，侦查人员刑讯逼供在若干年之前一些地方的基层部门屡见不鲜，只是在造成如呼格吉勒图案这样的冤案时才被公众所知晓，监狱管理部门没有尽到监管职责的事件在十多年前仍时有发生，更有像“躲猫猫死”“喝开水死”非正常死亡事件等在 2009 年前后层出不穷，但最终接受刑事指控和调查的又有多少？诚然，我们欣慰于公安机关侦查部门、监所管理部门等对此类事件的足够重视并看到了改革的成效，然而，用一颗颗生命的逝去唤醒执法、司法对正义的求索，代价未免太大。援引江平先生为呼格吉勒图所撰的墓志铭：“优良的司法，乃国民之福。呼格其生也短，其命也悲。惜无此福。然以生

① “检察机关对北京明正司法鉴定中心作出的鉴定意见进行了审查，组织了专家审查论证、文证审查，确定死者雷某符合胃内容物吸入呼吸道致窒息死亡。检察机关将继续依法侦查，结合侦查工作依法判断事实和证据，准确认定行为性质和责任轻重。”参见《北京市人民检察院第四分院依法告知和公布雷洋尸检鉴定意见》，http：//www.bjjc.gov.cn/bjoweb/tpxw/88651.jhtml，2016 年 10 月 30 日。

命警示手持司法权柄者，应重证据，不臆断。重人权，不擅权，不为一时政治之权益而弃法治与公正。”由此，可以深刻体会到程序正义之于实体正义的基石作用，以及公正的司法之于权力制约与权利保障的重要意义。2016年7月20日，最高人民法院、最高人民检察院、公安部、国家安全部和司法部联合发布了中央全面深化改革领导小组第25次会议审议通过的《关于推进以审判为中心的刑事诉讼改革的意见》，其中特别强调了“罪从判定”“依法裁判”原则、合法取证制度、证据裁判制度、讯问合法性核查制度、补充侦查制度、检察院的监督机制、充分尊重和听取辩护律师的意见等方面的制度完善和落实。作为刑事案件的“雷某案”，只有经过公正的司法程序——从程序法意义上讲——尤其是经过法院的审判程序，由法院对定罪量刑加以裁判，方能体现结果的权威性与终局性。我们欣慰地看到，就“雷某案”进入刑事诉讼程序的审前阶段而言，基本符合以审判为中心的诉讼制度改革的要求。值得一提的是，“雷某案”最终并未进入审判阶段，而是在审查起诉阶段，以检察机关对邢某某等五人“依法作出不起诉决定”而告终。这一结果引发了新一轮的质疑、争论和思考。

一部分质疑源于人们对不起诉结果从情感上难以接受，对刑事法理解偏误的人甚至认为“人死了”这么严重的结果检察院反而不起诉，这难道意味着认定邢某某等人“无罪”或者“没有过错”？对此，北京检方对案件审查情况及其处理做了详细的介绍，① 检察院有关负责人还就社会各界关心的焦点问题作出回应。② 我国《刑事诉讼法》第173条第2款规定了检察院公诉部门“对于犯罪情节轻微，依照刑法规定不需要判处刑罚或者免除刑罚的”案件可以做出不起诉决定。这是刑事诉讼法赋予检察机关履行公诉职能时的一种特有权力，是起诉便宜主义原则的具体体现和应有之义，学理上称之为“酌定不起诉”。也就是说，本案中检察机关根据《刑法》第397条认定对于邢某某等5人的行为“符合玩忽职守罪构成条件”，同时经审查认定符合《刑法》第37条“犯罪情节轻微不需要判处刑罚”之情况，并依法

① 详见北京市人民检察院官网：《北京检方依法审查认定邢某某等五名涉案警务人员符合玩忽职守罪构成条件 综合全案认定犯罪情节轻微，依法作出不起诉处理》，http：//www.bjjc.gov.cn/bjoweb/jcyw/91069.jhtml，2016年12月23日。

② 详见《北京市丰台区人民检察院有关负责人就邢某某等五人玩忽职守案答记者》，http：//news.sina.com.cn/sf/news/2016-12-23/doc-ifxyxusa4988841.shtml，2016年12月23日。

作出不起诉决定，从而不予刑事处罚。酌定不起诉往往会带来其他非刑罚处分[①]的后果。由此可见，酌定不起诉属于终局性处分。对于酌定不起诉的本质，学界也有“程序性处分”[②]“实体性处分”抑或两者双重效力[③]、“准定罪论”[④]等不同认识。“准定罪论”的基本立场是，酌定不起诉决定是一种介于确认无犯罪事实因而绝对不起诉和法律有罪判决之间的一种具有“司法”性的处理，甚至可以说具有“准定罪”的效力。“双重效力说”认为，其不仅是对刑事诉讼具有终止效力的程序性处分，同时，其决定本身也体现了公诉机关对案件实体问题的一种处分。典型的“程序性处分”说认为，检察机关酌定不起诉裁量权诉的适用，同侦查机关的不立案权、撤案权一样，由于都需要对相关行为人的行为进行认定从而决定是否进入下一诉讼环节，无疑会涉及实体性认定，但这并不涉及对实体处分权的侵犯，本质上属于刑事诉讼过程中所必须具备的裁量权。[⑤]因此，不能当然地将不起诉理解为被不起诉人“有罪”或者“无罪”的决定，认为检察机关的相关认定与法院的裁判在本质上不同，酌定不起诉并不当然地侵犯审判权。[⑥]与之相配套，不起诉权受到来自侦查机关、上级检察院、被不起诉人、被害人以及人民法院的多种制约。就本案而言，雷某家属如对检察院不起诉决定不服，可以向上一级检察院申诉或者向法院提起自诉，尽管雷某家属在 12 月 29 日已表示“放弃全部诉讼活动”。[⑦]总的来说，从程序法视角上看，作为刑事案件的雷某案诉讼程序完整、公开，办案人员保障了被追诉一方的辩护权利、尊重被害一方的权利和要求，基本守护了程序正义，为实体正义的实现奠定了基础。

诚然，关于司法实践中公诉机关酌定不起诉制度之状况及存在的问题，

---

① 据北京市公安局官方微博消息，检察机关对邢永瑞等 5 人涉嫌玩忽职守罪侦查终结，依法作出不起诉决定后，北京市公安局、中共昌平区纪委依纪依规，给予昌平分局东小口派出所副所长邢永瑞开除党籍、开除公职处分；给予民警孔磊行政撤职处分，调离执法岗位；对雷洋案中涉案的 1 名辅警及 2 名保安员，按照辅警、保安人员相关管理规定予以解除劳动合同。参见新华网:《雷洋案涉案警务人员和相关责任人受到党政纪处分》，2016 年 12 月 29 日。

② 参见陈卫东主编:《刑事诉讼法资料汇编》，法律出版社 2005 年版，第 420 页。

③ 参见徐益初:《论正确理解和适用不起诉》,《人民检察》1996 年第 12 期。

④ 参见龙宗智、左为民:《法理与操作——刑事起诉制度评述》,《现代法学》1997 年第 4 期。

⑤ 参见赵鹏《酌定不起诉之现状考察及完善思考》,《法学》2011 年第 9 期。

⑥ 参见宋英辉、吴宏耀:《不起诉裁量权研究》,《政法论坛》2000 年第 5 期。

⑦ 详见《雷洋家属放弃所有诉讼》，http: //blog.sina.com.cn/s/blog_5df39cf50102wyq2.html，2016 年 12 月 29 日。

理论并实务界关注并讨论已久。一方面，作为世界范围内普遍存在的一项制度，酌定不起诉在我国1996年《刑事诉讼法》修改时应运而生，取代了此前饱受诟病有滥用检察裁量权之嫌的“免于起诉”制度。尽管酌定不起诉制度的建立旨在完善刑事诉讼程序分流、优化审查起诉职能等优势，且有调查研究指出酌定不起诉的适度增加并不会给社会带来更多犯罪隐患，[①] 然而，检察机关出于对自由裁量权是否能够行使的忌惮、立法缺憾导致的操作性差和程序障碍以及刑事诉讼打击犯罪目的的强调，长期以来，我国刑事案件的酌定不起诉率普遍低下。有实证研究数据表明[②]，从2010年以来，酌定不起诉的适用率维持在2.5%左右；其中普通刑事案件所作出的不起诉决定，尽管近年来呈现出略微提升的趋势，酌定不起诉率仅达1.4%左右。而另一方面，恰恰在当前司法实践中酌定不起诉适用率普遍偏低的情况下，对于检察机关自侦的职务犯罪案件，却出现了酌定不起诉的高频适用[③]。有学者指出，这一现实对比反映出检察机关对于普通刑事案件和职务犯罪类案件在酌定不起诉适用态度上的差异。从这个角度讲，不起诉权尤其是酌定不起诉在职务犯罪类案件中适用，应当受到必要的制约。对不起诉权的制约，学者的主要建议是“慎用、少用酌定不起诉”“明确酌定不起诉的条件”以及强化内外部监督制约和责任追究机制等，[④] 特别是自侦案件的监督机制，从而减少不起诉裁量权在实际运用中存在的相对不确定性[⑤]，避免出现选择性不起诉问题。在反思职务犯罪案件酌定不起诉率较高适用原因的同时，也应考虑对于类似情节的非自侦案件提高酌定不起诉率，才能减少社会公众对检察机关自侦案件酌定不起诉适用率高的质疑，才能将酌定不起诉裁量权公平、公正地适用到所有案件之中。[⑥]

与酌定不起诉的程序选择难以割裂的问题，是对本案相关人员“情节轻微”的实体认定。关于酌定不起诉的相关司法解释指出，适用这一条款

---

① 参见赵鹏《酌定不起诉之现状考察及完善思考》,《法学》2011年第9期。

② 虽主要为2003—2011年的数据，但仍有一定的参考价值。参见赵鹏《酌定不起诉之现状考察及完善思考》,《法学》2011年第9期。

③ 例如，据某地级市检察机关2005—2007年审查起诉工作统计，公安机关移送起诉的案件，不起诉率仅为2%；检察机关自侦案件的不起诉率则高达15.3%。参见黄超等:《刑事从宽的实证分析——以陕西省宝鸡市检察机关为例》,《中国刑事法杂志》2008年第10期。

④ 周清华:《浅谈对不起诉权的监督和制约》,《法治论丛》1997年第3期；张玉坤

⑤ 王敏远主编:《刑事诉讼法学（下）》，知识产权出版社2013年版，第745页。

⑥ 参见赵鹏《酌定不起诉之现状考察及完善思考》,《法学》2011年第9期。

应把握两点：（1）依照刑法有关规定，被不起诉人的行为事实上触犯刑法；（2）犯罪情节轻微，主要是指，虽已触犯刑法，但从犯罪动机、手段、危害后果、犯罪后的态度等情节综合分析，依法不需要判处刑罚或者免除刑罚的。① 一些法律界人士对检察机关就邢某某等5人“情节轻微”的认定提出质疑。如一位律师在其文章中指出，其一，“涉案警务人员对于不当执法及过度执法的明知和应知、在过度执法危及雷某生命安全后未及时采取措施进行救治而体现出的对雷某生命权的不重视不尊重、事发后编造事实隐瞒真相妨碍侦查而体现出的对责任的逃避和推诿心态”，“其主观恶性和客观危害能否称得上是‘情节轻微’”？其二，对于检方在认定理由上提到的行为人具有执行公务的事实依据与合法前提，指出，几乎所有‘玩忽职守犯罪’的行为人都具有这样的前提，而这不能成为玩忽职守犯罪“天生自带的‘从轻、减轻情节’”。其三，对于“雷某妨碍执法的行为和涉案警务人员的不当执法行为之间究竟哪个是因，哪个是果？还是互为因果？可能也是进一步评判本案是否‘犯罪情节轻微’需要探讨的问题。”② 此外，李斌博士的实证调研报告旨在从大数据角度评判“雷某案”处理是否公允，文中通过对近年来“无讼案例”中国家机关工作人员被判玩忽职守罪且致人死亡的案例进行统计分析，指出“类似案件中普遍处罚较轻，免罚（最终判决免于刑事处罚）率接近八成”“情节轻微是最为常见的判决认定”，也就是说，对于玩忽职守犯罪案件，像“雷某案”中这样一种评价在司法实践中最为普遍。同时也惊喜地发现“类似案件呈逐年下降趋势”。然而，一方面，报告中未能看到在审查起诉阶段检察机关处理玩忽职守犯罪案件的相关情况，而都是针对已经进入审判程序的玩忽职守类案件的裁判进行的分析；另一方面，玩忽职守的情形种类繁复，每一个个案都有其特定的情形，与文中例举的案情相比，“雷某案”着实存在着自身的特殊性。但是，这些都无法成为阻却我们在法律的角度对该案加以认识和思考的理由，在以审判为中心的诉讼制度改革背景下，如果此案也能够像如上被统计的959个案例一样进入审判程序，由最为客观、中立的法官最终予以裁判，是否会收到更好地法律效果与社会效果？

---

① 详见1996年12月31日最高人民检察院《关于审查逮捕和公诉工作贯彻刑诉法若干问题的意见》。

② 参见京都律师事务所微信公众号“京都律师”2016年12月25日推送孙广智律师的文章《热评 | 关于雷洋案的四次思考》。

（二）从传统社会到“风险社会”：法治理念亟待进一步强化

从 14 年前“程树良案”的“无人问津”与“不了了之”，到今天“雷某案”引发公共领域的巨大反响、官方媒体的跟踪报道，尤其是引起司法机关的重视并对司法的程序公开和程序正义，再到历时半年之久“雷某案”的处理结果公布后再次成为舆论的焦点，整个社会环境发生了巨大的变迁。正如学者们受著名德国社会学家乌尔里希·贝克的“风险社会理论”[①] 之启发所做的分析那样，进入新世纪之后尤其近年来，随着全世界范围内社会的不确定性、流变性的不断加强，全球社会运作和决策的风险性不断凸显。这一问题在中国同样存在。从街谈巷议到报刊杂志，我们都在面对一个共同的情境：我们身处的社会的风险性变得越来越大。[②] 尽管中国社会在整体上尚未完成古典现代化之任务，但完全可能出现风险社会之现实侧面，而且这一侧面还可能与古典现代化阶段之诸多问题、原因、表象复杂地交织、纠缠在一起。[③]

科技革命带来技术的突飞猛进。技术的副作用模式推动由传统工业社会向风险社会的转变，阶级、核心家庭、专业工作的格局被一一打破，科学、民主、进步等观念仍受重视但已失去已有的神圣性而被不断要求在新的社会语境下做出新的理解或处置。阶级矛盾将不被作为社会的主要矛盾看待，而不同主体在风险分配中的地位所带来的矛盾更加明显。[④] 中国互联网络信息中心（CNNIC）发布的第 38 次《中国互联网络发展状况统计报告》显示，截至 2016 年 6 月，中国网民规模达 7.10 亿，其中手机网民规模达 6.56 亿，占比达 92.5%。如果说在程树良案的年代，鲜有人关注其死亡背后执法人员失范的有关问题，那么“雷某案”发生的当下，这个网络异常发达的信息时代，不仅“雷某案”的全程被关注、被讨论和被监督，对其处理结果可以接受考验和批判，也可能受到质疑、被误读乃至被扭曲，个案对人们的影响被无限放大，从而带给人诸多不安全感和不确定性。从这个角度看，“雷某案”实际上折射出当下制度的理念与制度的运作之间的冲突。“在理念层面，我

---

① 详见［德］乌尔里希·贝克：《风险社会》，何博闻译，译林出版社 2004 年版，第 229 页。

② 季卫东：《风险社会如何进行决策与法律沟通——由“雷洋”事件和“万科”事件谈开去》，《探索与争鸣》2016 年第 10 期。

③ 参见焦旭鹏《风险刑法的基本立场》，法律出版社 2014 年版，第 54 ~ 64 页。

④ 参见焦旭鹏《论风险社会语境下的法治理念》，载《法治与社会管理创新》，中国社会科学出版社 2012 年版。

们往往强调法治秩序的公信力；而进入制度运作层面，我们转而重视法律规范的执行力。两者都是需要的，但在此案中两者发生了直接对峙。一方面，缺乏公信力的相关部门无法有力地执行法律；另一方面，放弃执法的责任，也是不能允许的。今天的中国社会正是在风险社会与失范社会之间来回摇摆，每个人都感到处境的脆弱和危险。”①

当今中国已经呈现出风险社会的多个侧面。在风险社会中，一方面，公民如何在面临被执法的可能境遇下保有公民朴素的安全感，即从事合法的日常行为活动时，不会感到正在经受暴力执法的潜在危险；另一方面，执法人员如何在执法前和执法过程中保有职业的安全感，也即在确保合法合理规范执法的前提下得以全力以赴、严格勇敢地执法而不需承受被任意指控的风险。这可能是我们在制度理念和制度执行层面无法回避的问题。在“雷某案”最终不起诉结果公布前后，屡见网络上一系列“不能让警察寒心”的提法和文章，然而将特定案件、个别行为失范警务人员对于特定公民的致害，扭曲成人民警察和人民群众之间的矛盾关系问题，有哪一点合乎逻辑吗？无论是对涉案警务人员的诉讼这个法律问题，还是事后对这部分人的党政纪处分这个政治问题，都绝不是情感问题或者情绪问题。

一个后发现代化之中国的风险社会侧面是如此特殊，以至于贝克谈到中国时说：“因为在中国，它所具有的一个特征也导致了其与西方社会的一大区别，就是‘压缩的现代化’（compressed modernization），这种现代化既加强了风险的生产，又没有给风险的制度化预期和管理留下时间。”② 我们应当尊重人民警察及其职权，应该充分重视其在维护国家安全和社会治安、保护人民合法权益上起到的作用和突出的贡献。正因如此，我们更应该基于事实、恪守法律，通过治理创新来降低这个社会给任何一方带来的风险。风险社会法治理念应以安全为导向，兼顾与自由之间的平衡；应以预防为重心，兼顾对已然发生的结果之关切；应当把规则是否得到遵守，作为衡量的关键，而非把结果是否发生作为法律介入的凭据。③ 风险社会最核心的问题是

① 季卫东：《风险社会如何进行决策与法律沟通——由“雷洋”事件和“万科”事件谈开去》，《探索与争鸣》2016 年第 10 期。

② 贝克、邓正来、沈国麟：《风险社会与中国——与德国社会学家乌尔里希·贝克的对话》，《社会学研究》2010 年第 5 期。

③ 参见焦旭鹏《论风险社会语境下的法治理念》，载《法治与社会管理创新》，中国社会科学出版社 2012 年版。

决定和问责。如果“决定”带来“风险”，而风险又带来危害，“决定者”肯定是要负责任的。决定所依据的信息往往是不足的，作出决定的时间也往往是不足的，而社会形势瞬息万变，决定者必须当机立断。从这个角度讲，必须加强决策者的风险意识，加强问责的驱动力；必须强调去行政化，构建权力负面清单，并且积极地组织实施。对此，有学者从技术性、法律性、道德性、政治性四个方面提出了具体对策。“未来，基于民主参与程序的法律话语切换将发挥重要的作用。如果我们通过民主程序来将不同意见收纳进来，推动煽情话语转化成说理话语即论证性的法律话语，既能保持社会的活力，又能维系法治秩序。”① 社会主义法制需要不断健全，依法行政、公正司法、全民守法的法治思维亟待夯实。我们不妨以“雷某案”为契机，推动法治理念、法治思维、法律话语、规则意识在风险社会下发挥应有的作用。

① 季卫东：《风险社会如何进行决策与法律沟通——由“雷洋”事件和“万科”事件谈开去》，《探索与争鸣》2016 年第 10 期。

维护社会稳定，路在何方？
——群体性事件引发的思考

孟　涛*

Salus populi suprema lex［人民的福利是最高的法律］，的确是公正和根本的准则，谁真诚地加以遵守谁就不会犯严重的错误。

——洛克 ①

自 20 世纪 90 年代以来，群体性事件的屡有发生，逐渐成为引人关注的社会现象之一。从中西部偏远农村到东部发达城市，从工地农田到公路广场，从山区丘陵到平原海滨，群体性事件几乎在多数地域都有发生。2008 年，以贵州瓮安事件为代表的群体性事件震动了整个社会。从该年起，群体性事件成为举国关注的重大事件之一，引起了社会大众的普遍关注。什么是群体性事件？群体性事件有什么类型和表现？如何防范、化解群体性事件？这里将为大家作出介绍，以期引起大家的思考。

一　揭开神秘面纱——什么是群体性事件

“群体性事件”是一个中国特有的词汇，形成于 20 世纪 90 年代，在其他语言中不存在完全对应的术语。“群体性事件”一词最初出现在党政机关的内部文件里，如 1999 年中央办公厅、国务院办公厅下发的《关于预防和妥善处置群体性事件的紧急通知》，2000 年公安部下发的《公安机关处置群

---

* 孟涛，法学博士，中国人民大学法学院副教授。

① ［英］洛克:《政府论》(下篇)，商务印书馆 1964 年版，第 100 页。

体性治安事件规定》《中共中央办公厅、国务院办公厅关于积极预防妥善处置群体性事件的通知》，等等。同时也出现在各地政府机关、企事业单位的规范性文件里，如《浙江省预防和处置群体性事件若干规定》《预防和处置群体性事件责任追究暂行办法》《深圳市预防和处置群体性事件实施办法》等。在这些官方规范性文件用语的影响下，“群体性事件”作为一个术语正式固定下来，为学界、传媒和社会普遍采用。

尽管“群体性事件”这一名称已经确定，但对其内涵的界定却各有不同。在《公安机关处置群体性治安事件规定》中，以下十类事件被认定为“群体性事件”：①人数较多的非法集会、游行、示威；②集会、游行、示威和集体上访活动中出现的严重扰乱社会秩序或者危害公共安全的行为；③严重影响社会稳定的罢工、罢课、罢市；④非法组织和邪教等组织的较大规模聚集活动；⑤聚众围堵、冲击党政机关、司法机关、军事机关、重要警卫目标、广播电台、电视台、通讯枢纽、外国驻华使馆、领馆以及其他要害部位或者单位；⑥聚众堵塞公共交通枢纽、交通干线、破坏公共交通秩序或者非法占据公共场所；⑦在大型体育比赛、文娱、商贸、庆典等活动中出现的聚众滋事或者骚乱；⑧聚众哄抢国家仓库、重点工程物资以及其他公私财产；⑨较大规模的聚众械斗；⑩严重危害公共安全、社会秩序的其他群体事件。公安部制定的《关于群体性事件统计中几个问题的解答》把群体性事件定义为：“群体性事件是指10人以上（含10人），聚众共同实施的违反国家法律、法规、规章，扰乱社会秩序，危害公共安全，侵犯公民人身安全和公私财产安全行为的事件。”

除此之外，不同的规范性文件也规定了不同的定义。例如，《深圳市预防和处置群体性事件实施办法》把“群体性事件”定义为，是指由人民内部矛盾引发的、众多人员参与的危害公共安全、扰乱社会秩序的事件。该文件根据参与人数的多少，将群体性事件分为四个级别：①参与人数在5人以上、30人以下，为一般群体性事件；②参与人数在30人以上（含30人）、300人以下，为较大群体性事件；③参与人数在300人以上（含300人）、1000人以下，为重大群体性事件；④参与人数在1000人以上（含1000人），为特别重大群体性事件。这一界定突破了公安部将群体性事件的人数规定在5人以上的规定。在实践中，各地一般根据《公安机关处置群体性治安事件规定》、中央处理信访突出问题及群体性事件联席会议通过的《关于积极预防和妥善处置群体性事件的工作意见》等规范性文件和相关应急预案，结合本地的实际情况，对群体性事件作出区分以及认定。

二　深入探求真相——群体性事件的种种类型

在我国，群体性事件数量较多，涉及多种类型。为了迅速、高效地处理群体性事件，对其进行分类处理非常必要。根据群体性事件的实施主体，可以把群体性事件大体划分为三大类，见下表：

实施主体	冲突主体和性质	典型案例
官　方	官方直接对群众实施的行为	河北定州 6・11 案件
	一个官方机构动员群众，反对另一官方机构	湖北黄石 8・6 案件
群　众	群众之间普通的社会纠纷	江西万载事件
	普通纠纷引发的、群众针对官方机构	贵州瓮安事件
	群众直接针对官方机构	四川汉源事件
	群众直接针对企事业单位	吉林通钢事件
	卧轨、罢工、游行示威等影响社会秩序事件	重庆出租车罢工事件
外国人	非政治性质的事件	广州黑人群体聚集事件

下面笔者将结合具体的典型事例，介绍这些不同类型的群体性事件。

（一）官方实施的群体性事件

群体性事件的制造者不一定是群众，有些官方机构也亲手策划、制造这类事件。这类事件的典型案例就是著名的河北定州案件和湖北黄石案件。

1. 河北定州“6・11”案件[①]

> 2005 年 6 月 11 日凌晨 4 时 30 分，在河北省定州市绳油村附近的国华定洲电厂灰场建设用地上，约 300 余人持械袭击了在现场聚居的数百名绳油村村民，致使 2 名村民当场死亡，另有 4 人经医院抢救无效死亡，数十名村民受伤。事情的起因是：国家“十五”重点建设项目——国华定洲电厂，欲征用该市绳油村土地，而该村村民对征地补偿款有异

① 参见《河北定州“6・11”案件》，http://news.xinhuanet.com/banyt/2005-07/20/content_3241830.htm，2010 年 10 月 22 日。

议。2003 年 10 月，该村部分村民在被征用作电厂储灰场建设的土地上搭窝棚、挖地窖，长期驻守、阻止施工。为驱赶这些村民，定州市委书记和风与电厂方策划制定了强行进场方案，组织、纠集社会闲散人员 260 余人，携带猎枪、棍棒、铁管、弩等工具，肆意使用暴力进场驱赶、伤害村民，造成特别严重后果。案件发生后，河北省委、省政府高度重视，省公安厅成立专案组，抽调精干警力全力开展案件侦破工作。至 2005 年 7 月 9 日，组织策划者、骨干分子等主要犯罪嫌疑人全部被抓获，相关责任人已得到纪律与法律制裁。

2. 湖北黄石“8・6”案件[①]

2005 年 7 月 28 日，黄石市委领导向大冶市委书记办公会议通报了关于将大冶市撤市改区的意见。7 月 29 日，大冶市委副书记李某通知大冶市委副书记、副市长陈某等人，研究开展反对撤市改区的活动，决定组织大冶的离退休干部跑省进京上访，并让离退休干部出面给黄石市委施压。同时，大冶市人大常委会和大冶市政协分别起草了《关于黄石市委市政府拟撤销大冶市的有关情况反映》《湖北省大冶市部分政协委员关于坚决反对撤市改区的情况反映》，并组织人大代表、政协委员签名，寄给了国家和省有关部门。8 月 1 日至 3 日，大冶市老年体协组织了征集签名、进京上访、制作传单等反对撤市改区的非组织活动。8 月 4 日上午，上访人员不听劝阻，与维持秩序的武警、公安民警发生了“摩擦”。8 月 5 日，少数大冶籍矿主组织了 200 多名社会闲散人员入住大冶市城关宾馆，准备次日到黄石游行。8 月 6 日上午，大批上访群众从大冶汇集到黄石市委、市政府大院门前，由个别矿主现场鼓动冲击市委、市政府大楼，一些群众带头冲击并砸毁办公大楼的玻璃、门窗、办公物品、车辆，酿成了“8・6”事件。事后，李某、陈某等领导干部被开除党籍、撤销行政职务、给以党内警告等处分。

---

① 参见《大冶市四领导鼓动群众抵抗“撤市改区”》，http://news.sina.com.cn/c/ 2006-02-25/11208300267s.shtml，2010 年 10 月 22 日。

（二）群众实施的群体性事件

群众实施的群体性事件种类繁杂，大致有五类。

1. 普通的社会纠纷类事件

这类事件，严格说来属于治安类事件。但是，这类事件往往也会对社会秩序造成严重冲击，其后果不亚于其他群体性事件。因此，在实践中，地方政府也将这一类事件纳入群体性事件的治理范畴。根据该事件产生的原因，这类事件主要有4种。

（1）传统宗族械斗

宗族械斗是古老的“群体性事件”。新中国成立后，宗族组织和宗族活动被压制下去，宗族械斗也很少出现。改革开放以后，宗族活动在一些农村地区重新出现，甚至异常活跃，由于边界土地、山林权属之争、墓地之争等引起的宗族械斗死灰复燃。以江西万载事件[①]为例：

江西省万载县是宗族活动最为活跃的地区之一。该县潭埠镇池溪村附近有座虎形山，株潭镇的龙氏宗族认为此山是其祖宗墓地，决定在虎形山祭祖，但是池溪村的丁氏宗族对此予以否认，认为该山是本村的“龙脉”，不能动土。2006年4月26日，龙氏宗族千余人强行前往虎形山祭祖，丁氏宗族闻讯事先准备了砍刀、梭标、竹棍等“自卫武器”。龙、丁两宗族之间的械斗大规模地发生，几十人因此受伤。

（2）财物纠纷、产权纠纷

这类纠纷也较为常见。以广东阳西县上洋镇虾场系列打砸抢事件[②]为例：

50多名外地投资者在广东省阳西县上洋镇沙湖村承包了1600多亩滩涂养虾，经过辛勤劳动，收益颇丰。这引起了该村部分村民的嫉妒，想擅自变更承包合同、提高承包金。在镇党委和村委会的协调下，双方数次谈判未果。七八月份，该村村民先后集体实施了大规模的打、砸、抢的群体性破坏活动，致使养殖户造成重大经济损失。

---

① 参见韩福东：《江西万载县发生大规模宗族械斗》，《南方都市报》2006年5月18日。

② 参见林伟雄：《广东阳西县上洋镇816虾场打砸抢事件调查》，《南方农村报》2006年8月28日。

（3）球迷骚乱

球迷骚乱是一种世界性的群体性事件，在国外频繁发生。我国早在改革开放之初、体育运动兴起之际，球迷骚乱现象就已出现。球迷骚乱的表现方式多种多样，如围攻谩骂、投掷物品、燃放烟花爆竹、点燃报纸横幅和椅子、打砸球场设施、打架斗殴、扰乱球场秩序、围攻运动员和执勤警察等。这类骚乱也是一种典型的群体性治安事件。

（4）其他普通群体闹事事件。这类事件有群体性闹机事件、学生不满学校管理“闹事”等。以宁波群体闹机事件[①]为例：

> 2007年7月18日，宁波市受台风影响，栎社国际机场大面积航班被迫停航。19日上午，补飞计划再次延误。近百名乘客聚集在机场隔离厅7号登机门，要“讨个说法”。机场方面的回答，未能让乘客满意。百名乘客遂群体冲入廊桥，一个多小时后才被劝回到候机厅。

2. 普通纠纷引发的、群众与官方冲突的事件

这类事件往往是由于普通纠纷发生后，官方处理不当或反应迟缓等问题引起的。以重庆万州事件[②]为例：

> 2004年10月18日，一名自称局长的男子当街暴打挑夫后，引发当地民众公愤，民众包围区政府要求严惩凶手。其间有部分群众打烂政府大门玻璃，焚毁警车，更有人乘机抢掠。当地政府启动突发事件处置预案，公安局亦马上抽调大批警员，保护党政机关及商场、银行等重要场所。事件直至深夜，在公安人员强制清场之后逐渐平息。

3. 群众与官方直接冲突的事件

这类事件是所有群体性事件中的主要类型，也是备受政府和社会重视的一类事件。根据事件发生的原因，可以将这一类事件细分如下。

---

① 参见俞莹：《宁波机场遭遇17年来最严重群体闹机　带头闯禁区的被拘留5天》，《都市时报》2007年8月4日。

② 参见文玉伯：《万州突发万人骚动事件》，《凤凰周刊》2004年第31期。

（1）行政执法

行政执法由公安执法、工商部门执法、计划生育委员会执法。其中，尤其以公安执法最易引起群体性事件。以贵州瓮安事件[①]为例：

由于该县女学生李树芬溺水身亡，其家人对公安机关的“自杀”鉴定结果不服，矛盾逐渐升级。2008年6月28日，死者家属在瓮安县城游行，大量学生、群众聚集围堵县政府，后转变为突发群体性暴力事件。瓮安县委、县政府、县公安局等160多间办公室、42辆警车等交通工具被烧毁，150余人受伤，直接经济损失1600多万元。

（2）征税收费

征税收费是导致群体性事件的主要原因之一。在我国的县、乡及农村地区，这一特征尤其突出。1993年的四川仁寿事件[②]就属这一类型：

四川省仁寿县是一个典型的农业大县，农民人均收入低于全国平均水平。1992年，县政府计划重修213国道仁寿段，需要筹集第一期工程资金1.45亿元。省政府和市政府提供5000万元，银行贷款5000万元，剩下的4500万元由仁寿县150万元居民分摊，在两年分二次征收。县里的政策到了区、乡镇基层之后，变得扭曲了，一些区政府擅自提高摊派、一次性收齐摊派费用。1993年开始，仁寿县境内的农民大规模群体抗议运动此起彼伏，一些区乡政府受到冲击；五六月份抗议活动达到高潮，打砸抢事件大量出现。四川省主要领导赶赴仁寿，亲自处理这些农民集体暴力事件。事后，当地政府重新稳定了当地社会秩序，鼓励居民举报参与打砸抢的人；一些区乡政府领导被撤职；省政府增拨5000万元资金，免除农民的摊派费用。该事件直接促成1993年3月19日中共中央办公厅、国务院办公厅《关于切实减轻农民负担的紧急通知》的出台。

---

① 参见刘子富：《新群体事件观——贵州瓮安“6·28”事件的启示》，新华出版社2009年版。

② 参见潘维：《农民与市场：中国基层政权与乡镇企业》，商务印书馆2003年版，第105~130页。

21世纪以后，农业税逐渐取消，农民负担大为减轻，由此引发的农村群体性事件大大减少。但是在城市里，由于征税收费而导致的群体性事件仍然不断发生。以2009发生的江西南康事件[①]为例：

南康市地处赣南，当地民营经济活跃，产业聚集。家具是南康市的支柱产业之一，南康也是江西省著名的家具产业基地。为加强家具市场规范管理，2009年5月初，南康市部署从6月至8月对全市所有家具企业进行集中清理整顿，形成了《南康市家具企业清理整顿实施方案》，并对原有的税收征管办法进行了重新规范调整，重新制定了《木(竹)材产品成品方单位税额表》。按照这一部署，南康市从6月15日起执行新的税收征管办法。一些家具业主认为，调整后的税收征管办法将加重业主缴税负担。6月15日上午，南康市家具业主近百人到市政大楼集体上访，堵塞街道，现场有数千人聚集、围观。初步统计城区有9辆汽车被砸、掀翻在地。当天中午，聚集者又将大广高速公路江西南康段进出口处和相临的105国道阻断。南康事件发生后，江西省委书记、省长立即批示，公开宣布废止南康市的相关决定，尽快平息事态。南康市委、市政府立即废除清理整顿家具市场的相关文件，党委政府主要领导亲自接访，稳定了社会秩序。

（3）移民

据统计，目前全国因为水电建设、征地拆迁导致“背井离乡”的移民多达8000万人，因为水电工作而移民的就达4000多万人。[②]移民被认为是“不稳定群体”之一。因为移民而发生的群体性事件屡见不鲜。2005年，地处贵州和广西接壤地带的我国第三大水电站——乌江边上的龙滩水电站淹没区的移民2万多人联合发起群体抗争事件，要求提高补偿标准，与警方发生了冲突。2004年，四川汉源数万群众发动的群体性事件[③]是这类事件的典型：

国电集团拟在四川省汉源县境内的瀑布沟投资，建设大渡河上最

① 参见蓝大海：《“南康事件”的得与失》，《社会观察》2009年第8期。

② 参见刘子富：《新群体事件观》，新华出版社2009年版，第96页。

③ 参见欧阳斌：《四川汉源数万民众保地维权调查》，《凤凰周刊》2004年第32期。

大规模的水电站。大坝建成后将淹没整个汉源县城和邻近几个乡，涉及耕地44000多亩，移民约十万人以上。由于政府赔偿标准过低，并动用公安、武警强制迁移，导致群众强烈不满。在多次上访、请愿无结果的情况下，2004年10月27日夜间，数万民众自发组织，在电站工程行将截流之际，聚集在截流现场，举起写着“共产党万岁！”等横幅静坐，电站工程被迫停止。县里出动公安武警，使用催泪瓦斯驱散群众，使事态升级。10月28日，农民和当地学生数万人举行游行示威，县城一度陷入瘫痪状态。至10月30日，汉源县商业运作仍处于停顿状态，部分学校停课，店铺关门，菜市场罢市。县城有大量武警站岗或巡逻，以稳定社会秩序。

（4）拆迁

我国正处在如火如荼的城市化建设阶段。由于拆迁补偿、安置等问题引发的社会矛盾冲突往往较为激烈。重庆“史上最牛钉子户”、成都被拆迁户自焚等事件，均表现了这一激烈程度。在这种情形下，群体性事件也很容易发生。以甘肃陇南事件[①]为例：

因对陇南市行政中心搬迁存有疑虑，2008年11月17日，当地30多名拆迁户集体到市委上访，随后大量群众聚集围堵市委大门，并且转变为打砸抢烧的突发群体性暴力事件。这起事件共砸烧房屋110间、车辆22辆，市委大院各单位办公设施及其他损失503.8万元。

（5）环保

据有关资料显示：环境群体性事件以年均29%的速度递增。[②]以2005年著名的浙江东阳事件[③]为例：

浙江省东阳市画水镇的一些化工企业严重污染了当地环境，当地

① 参见《甘肃陇南群体事件始末：市政府酝酿搬迁引发》，http://news.sina.com.cn/c/2008-11-27/034916732305.shtml，2016年10月22日。

② 参见阳敏:《如何缓解环境群体事件高峰？》,《南风窗》2008年第3期。

③ 参见宋元:《浙江东阳环保纠纷冲突真相》,《凤凰周刊》2005年第13期。

居民不断上访无效，最终忍无可忍，以搭建竹棚、设置路障等方式，试图迫使企业停工、阻止进一步污染。4月10日，当地政府组织力量进行统一清障，工作人员在清障的过程中，多达二三万的群众赶过来，双方发生了小规模的冲突，30名执法工作人员和多名群众受伤住院。另有数十辆车辆被困在事发现场画水初中内，一些车辆被砸，该中学被迫停课。事件发生后，浙江省委省政府立即作出部署，要求避免进一步激化矛盾，组织基层干部与群众进行沟通对话。省、市环保部门和有关专家进驻当地开展环保情况调查和相关论证，认真研究和解决群众提出的一些诉求。15日上午，被围困地车辆全部撤出，围观群众疏散。15日下午，学校复课。

再以厦门PX“散步”事件[①]为例：

台湾翔鹭集团投资108亿元，在厦门市海沧区建设PX（对二甲苯）项目，2006年11月正式开工。该项目靠近居民区、学校等人口稠密区，其安全问题广受质疑。2006年6月11日，十几个业主组成“厦门611环保志愿者联盟”，阻止尚未兴建的PX项目上马。2007年3月，中科院院士、厦门大学化学系教授联合105名全国政协委员提交“关于厦门海沧PX项目迁址建议的提案”，众多厦门市民通过QQ群、网络论坛、短信等方式讨论该项目以及应对方式。2007年5月30日上午，厦门市政府召开新闻发布会，宣布缓建“海沧PX项目”。不过市民并不相信政府的决定，通过网络发帖、短信等方式呼吁大家集合起来反对该项目。6月1日，上万名厦门市民聚集在厦门市政府附近的街道上游行、“散步”，举着“反对PX　保卫厦门”的标语，共同请求市政府迁离PX项目。

（6）计划生育工作

这一类群体性事件主要发生在农村。以广西博白事件[②]为例：

---

① 参见朱竞若、蒋升阳：《厦门PX项目：续建、停建还是迁建》，《人民日报》2007年12月19日。

② 参见《广西博白县群众围堵乡镇政府事件平息》，http://politics.people.com.cn/GB/14562/5766376.html，2016年10月22日。

博白县是广西的人口大县，总人口约 160 万人，中华人民共和国成立之初人口只有 49 万。当地人有着“多子多福”的传统生育观念，违法生育现象较为普遍。为了改变这一现象，博白县开展了大规模的宣传、执法行动。群众对当地政府计生执法工作不满。2007 年 5 月 17 日上午，博白县顿谷镇 300 多名群众围堵镇政府。18 日到 19 日，博白县又有 6 个乡镇接连发生部分群众聚集围堵政府驻地事件，一些乡镇最严重的时候聚集了近 3000 人。政府大门、围墙、大批办公设备、文件档案在冲击事件中被毁坏。少数肇事者还破坏、烧毁了数辆汽车、摩托车。事发后，警方拘留了一些涉嫌串联、挑唆并参与打砸的人员。玉林市、博白县派出 28 个工作组约 4200 名干部，到全县 28 个乡镇进村入户与群众进行面对面交流，化解矛盾，了解群众诉求。广西壮族自治区常务副主席前往现场指导处置工作。

（7）非法集资

非法集资一般是由企事业实施，由此引发的纠纷应该属于民事纠纷。但是，在我国，非法集资也成了群众与政府产生矛盾的一个导火索。以 2008 年发生在湖南吉首的非法集资群体性事件[①]为例：

2008 年 9 月 3 日，吉首市福大房地产公司部分集资者因为无法收回集资款，围聚在湖南省湘西州政府门前上访，一度造成交通堵塞和火车延误。9 月 22—24 日，由于三馆房地产公司无力偿还本金，数千人前往湘西州政府门口抗议，此后一天出现围堵州政府大门、堵塞市内交通、掀翻车辆、冲击火车站、堵塞铁路等群体性行为。抗议者的理由是：集资是由政府鼓励和倡导的。事件发生后，政府出动了公安和武警稳定社会秩序，抓捕涉嫌打砸抢的人员。之后，湘西州州长被免职，自治州开展了“三无人员”大清查和“打黑除恶、缉枪治爆”的运动，以及“万名干部下基层、排忧解难促发展”的活动，一大批参与非法集资的政府官员和集资企业被查处。

① 参见何忠洲：《吉首非法集资案：被地产商裹挟的官员们》，《南方周末》2010 年 2 月 4 日。

3. 群众针对企事业单位的事件

这一类事件也广泛发生。根据事件发生的原因，可以事件分为两种。

（1）国企改制

以吉林通钢事件①为例：

吉林省通化钢铁集团是吉林省最大的国有钢铁企业。2009 年 7 月 24 日，该集团子公司——通化钢铁股份公司部分职工不满企业重组，在通钢厂区内聚集上访，近 3000 名在职员工及员工家属在通钢办公大楼前集会，并高举“建龙滚出通钢”等标语，高喊口号。由于人数增加，场面无法控制，导致通钢 7 个高炉全面停产。建龙集团派驻通化钢铁股份公司总经理陈国军被扣押、殴打，后不治身亡。当天晚上，吉林省国资委宣布建龙集团不再介入通钢重组，群众抗议活动方才结束。

（2）劳资纠纷

以广东东莞“11·25”劳资纠纷事件②为例：

由于 2008 年世界金融危机的影响，位于广东省东莞市中堂镇的开达玩具厂计划在 2008 年 11 月 19 日和 26 日辞退两批员工，19 日和 380 多名工人解除了合同关系。由于很多员工在工厂干了至少 5 年，所以都要求补偿。但是厂方在解除合同后，只答应给 7 年以上的员工补偿 1030 元，7 年以下的补偿 770 元。很多员工认为不公平，遂有员工与厂方进行谈判，谈判并未达成一致。11 月 26 日，该厂 216 名工人劳动合同将期满，厂方将终止劳动合同。由于 80 多名工人与工厂在补偿上产生分歧，11 月 25 日，该厂员工和一些群众共约 500 人在厂区内“闹事”，与保安人员和警察发生冲突，数辆警车和一些工厂设施被打砸。

① 参见《通钢喋血事件：公司高管的集体阴谋？》,《东南快报》2009 年 8 月 3 日 A16 版。

② 参见王子恒:《东莞劳资纠纷引发群体事件 500 人打砸警车》,《广州日报》2008 年 11 月 26 日。

4. 卧轨、罢工、罢课等影响社会秩序的事件

这一类事件的当事人不直接冲击某一具体单位，而是采取其他影响社会正常秩序的方式。以卧轨方式进行抗争的有著名的湖南吉首事件等。游行示威也是一种越来越常见的抗议方式，厦门、上海、成都、广州等市群众为了环保而采取的“散步”，实质上就是一种温和的游行示威。罢工的事件如今也屡见不鲜。2008 年 11 月 3 日，重庆市主城区 8000 多辆出租汽车全城罢工，惊动了全国。此外，教师罢课的事件也有时出现。2009 年 6 月 1 日至 5 日，内蒙古乌兰察布市商都县 500 余名教师集体罢工，分别以上自习、做试卷等各种形式消极怠工，事件甚至影响到学生高考。

（三）涉外群体性事件

以广州黑人群体性聚集事件[①]为例：

> 2009 年 7 月 15 日 14 时 50 分，广州越秀区公安分局矿泉派出所民警在依法调查一名正在非法兑换外币的外籍男子时，另有三名外籍男子从同一楼层的另外一个窗口跳下，其中一名男子因头部着地受伤且伤势较重。事发后，民警迅速拨打 120 电话，及时将伤者送往医院救治，并先行垫付救治费用。在这期间，陆续有一些非洲裔外籍人员来到矿泉派出所门口聚集，导致广园西路交通严重堵塞，后来经广州警方疏导和劝解，逐渐散去。

三　余音绕梁——群体性事件的影响和特点

在我国，群体性事件基本上具有非政治性，不涉及推翻或颠覆国家政权的政治目的。即使在一些群体性事件中，群众反对当地党政机关和领导，并制造了一些打砸抢的过激行动，但这本质上也只是一种“泄愤”，没有重新建立当地新政权的目的；当上级政府领导或工作组前来处理事件时，群众都是非常欢迎的。这些群体性事件大都源于直接的物质利益或长期郁积的不满情绪，或民族问题、宗教问题。据披露，2001 年，因工资、社保、福利问

① 参见《广州数百黑人围堵派出所》，http://news.sina.com.cn/o/2009-07-16/054015960547s.shtml，2016 年 10 月 22 日。

题引起的占 28.1%，企业改制改组兼并破产造成待遇下降而引起的占 9.5%，征地搬迁问题占 13.5%，民间纠纷占 4.5%。①

我国的群体性事件自发性较多，贵州瓮安事件、重庆万州事件、浙江东阳事件、安徽池州事件、湖北石首事件等都是这类事件的典型。自发性群体性事件的特点是：突发程度极高，短短时间内就易发生；政府极难控制，甚至找不到可以对话沟通的代表；破坏性更大，打砸抢等群体非理性行为极易扩散、恶化。同时，有的群体性事件是有组织的，如四川仁寿事件、河北定州事件、湖北黄石事件等。这类有组织性的“群体”的形成，往往是基于家族关系、同乡关系、同学关系、朋友关系、同事关系等已有的社会组织网络。这些群体性事件具有明确的利益诉求，因而很容易出现一些代表者或组织发起者。有的还会成立“工会委员会”“减负委员会”“反腐败群众自治小组”“财务清理领导小组”“下岗自救小组”等，对群体性事件进行统一指挥。②

群体性事件给人的主要印象是大规模的激烈冲突，如成百上千的人围攻、打砸、焚烧政府机关，殴打有关人员，抢掠一些财物等。此外，我国群体性事件还存在着堵塞公路铁路、拦火车、集体上访、罢工、罢课等方式。但是，我国群体性事件还有一些是以较为温和的方式呈现的。2007 年厦门市民抵制 PX 项目，就是以“散步”方式，非直接对抗式地表达自己的意见。2008 年 1 月，上海市磁悬浮沿线各小区部分市民也以“购物散步”的温和方式，表达自己反对磁悬浮的意见，“有一个晚上，当有人号召大家推翻一辆停在路边的公交车时，一同散步的其他居民喝止了这种行为”③。2008 年 5 月，成都市 200 多人进行抵制彭州石化项目的“散步”，整个过程没有拉横幅、喊抵制口号，中间没有发生混乱，整场“散步”平稳结束。除此之外，还有广州市民“散步”抵制番禺垃圾焚烧厂事件等。这些群众自觉采取的温和理性的“散步”，发生时都极力避免暴力，不伤及任何一个人，对社会秩序也没有产生任何实质性的不良影响。

---

① 参见王伟光：《妥善协调各方面的利益关系　正确处理人民内部矛盾》，载中共中央党校出版社编《提高构建社会主义和谐社会能力》，中共中央党校出版社 2005 年版，第 56 页。

② 参见胡联合、胡鞍钢、何胜红、过勇：《当代中国社会稳定问题报告》，红旗出版社 2009 年版，第 142 页。

③ 参见覃爱玲：《担忧磁悬浮，上海市民温和散步》，《南都周刊》2008 年 1 月 21 日。

四　法律支招——群体性事件的法律防范

我国群体性事件治理的专门机构是公安部门，其治理群体性事件的法律依据，包括《中华人民共和国刑法》、《中华人民共和国刑事诉讼法》、《治安管理处罚条例》（1986 年颁行，2006 年 3 月 1 日废止）、《中华人民共和国治安管理处罚法》（2006 年 3 月 1 日起生效）、《中华人民共和国人民警察法》、《人民警察使用警械和武器条例》、《集会游行示威法》、《关于预防和妥善处置群体性事件的紧急通知》（中办发电〔1999〕13 号）、《公安机关处置群体性治安事件规定》（2000 年 4 月 5 日公安部内部颁行）、《群众性文化体育活动治安管理办法》（公安部制定，1999 年 11 月 18 日起施行）、《公安机关警戒带使用管理办法》（公安部制定，1998 年 3 月 11 日起施行）等。其中《刑法》规定的，如聚众扰乱社会秩序罪、聚众冲击国家机关罪、妨害公务罪、非法集会游行示威罪、抢劫罪、故意杀人罪、故意伤害罪、寻衅滋事罪等，是处理群体性事件中最常使用的罪名。此外，破坏生产经营罪、非法集资罪等罪名也会得使用到。

在各种群体性事件中，普通的群体性治安事件，以及一些外国人制造的群体性事件，可以依靠这种治理方式加以解决。以上文提到的事件为例。第一，在江西万载事件中，万载县委、县政府得知大规模宗族械斗将要发生时，立即在事发的前一天晚上调集公安干警、武警官兵部署了三道防线阻止扫墓和械斗，万载县公、检、法三机关也组织力量，成立专案组，连夜赶往事发乡镇深入排查首要分子和牵头人员，搜集证据。政法部门的充分介入，有效地遏制了这起宗族械斗可能造成的人员伤亡。第二，在宁波群体性闹机事件中，警方立即介入该事件，锁定了带头撞门的洪某，依据《治安管理处罚法》和《中国民用航空安全保卫条例》等有关法律和规定，处以洪某 5 天的治安拘留。第三，在广州黑人群体性聚集事件中，广州警方与黑人代表进行协商，对现场非洲裔外籍人员进行劝解，疏导交通，最终成功地解决了这一事件。

五　路在何方——群体性事件的新型应对之策

群体性事件和参与人数的增加，使得依赖《刑法》《刑事诉讼法》《治安管理处罚法》《人民警察法》《人民警察使用警械和武器条例》《集会游行示威法》等法律法规的治理方式捉襟见肘。为了更充分、更彻底地化解群体性事件，维护社会稳定和人民群众的根本利益，综合我国一些党政部门制定的规范性文件、应急预案和成功经验做法，笔者总结出如下新的应对之策。

（一）党政统一应对

群体性事件的背后，是一连串单独的个案，这些个案最终汇聚在一起，爆发成了群体性事件。早期爆发的群体性事件，或者被狭隘地视为是由公安部门处理的“治安”事件，或者干脆就无人管理。2000 年，中央政法委研究室所作的《关于正确处理新形势下的人民内部矛盾的综合调研报告》指出：“群体性事件不同于一般治安问题。必须按照规定及时报告党委政府和有关部门……处置工作要在当地党委政府的统一领导下，有关部门以大局为重，密切配合，做到统一指挥，协调行动”①。在实践中，由党政领导亲自指挥，可以充分调动各种所需的力量，最大限度地进行应对。

（二）综合治理

群体性事件的传统治理方式是一种“硬”治理，依赖的是公安、武警及其他政法机构等“硬”力量，依据的是《刑法》《治安管理处罚法》《刑事诉讼法》《集会游行示威法》《人民警察法》《治安管理处罚条例》等“硬”法。如今，群体性事件的治理方式正更多地依赖“软”治理，遵行“依法办事、按政策办事”“教育疏导、防止激化”“慎用警力、慎用强制措施、慎用警械和武器”“及时、果断处置”等原则，加强对群众的说服教育，引导群众以理性、合法的方式表达利益诉求，解决矛盾，防止矛盾激化和事态扩大。

现实中的处理方式更是综合多样。以河北定州事件为例，政府采取如下主要应对措施。①撤销定州市委书记、市长职务，策划者和风等被逮捕并判处无期徒刑，4 名直接实施者被判处死刑；3 人被判处死缓；其他相关责任人分别被判处 6 ~ 15 年有期徒刑；市委、镇党委和村委三级领导班子被调整。②河北省委、省政府决定，不再征收绳油村土地，纠正定州市政府在征地过程中所犯的错误。③河北省委书记前往绳油村调研，慰问家属，向村民鞠躬道歉。④做好死者家属和受伤者的安抚、抚恤工作。⑤政府组织工作组进驻该村，帮助村民复耕，硬化村里道路、安装有线电视、修建村小学、为

① 中央政法委研究室：《维护社会稳定调研文集》，法律出版社 2001 年版，第 8 页。

生活困难村民办理低保，组织全省为该村捐款捐物400多万元。⑥中宣部、国务院新闻办及河北省委宣传部进行协调，防止部分境外媒体记者违规采访；在事件的处理过程中，新华社、《河北日报》先后3次编发通稿，进行舆论引导。

（三）及时、主动公开信息

群体性事件一般不公开报道，但是目前这种做法正在改变。2008年6月发生的瓮安事件，最初政府也试图封锁消息。[①] 然而，在封锁消息之前，当地群众用手机、照相机拍摄的现场照片，以及在一些博客论坛上写作的帖子，早已通过互联网传向全国、全世界，当天全国就知道瓮安发生了大规模群体性事件。后来政府干脆放弃了封锁，转而进行舆论引导。政府对待群体性事件信息由封锁到公开的转变，无疑是与时俱进的。因为现代社会不同于传统社会，在传统社会，大众传媒工具主要就是报纸、广播、电视，如今手机和网络已被普遍使用，每个人都可以成为发布信息的主体，在这种新形势下，面对多人参加的群体性事件，党政机构再“沉默不语”，几乎就等于自动放弃话语权。

2009年6月，湖北石首群体性事件的爆发，再一次显示了政府信息不公开的弊端。在长达近80个小时内，政府的新闻发布语焉不详。与此同时，全国各地的网民借助非正式媒体发布信息、探寻真相。据不完全统计，在这段时间里，体现政府立场的新闻稿只有3篇；而一网站的贴吧中就出现了近500个相关主帖，一些博客网站出现了不止一段网友用手机拍摄的视频。[②] 面对这种情况，《人民日报》发表时评，批评本次群体性事件中石首市政府的做法，指出：“在网络时代，每个人都可能成为信息渠道，都可能成为意见表达的主体”，呼吁：“面对突发事件，政府和主流新闻媒体仅仅发布信息还不够，还必须迅速了解和把握网上各种新型信息载体的脉搏，迅速回应公众疑问，这需要政府尤其是宣传部门具有快捷准确的舆情搜集和研判能力。如果在突发事件和敏感问题上缺席、失语、妄语，甚至想要遏制网上的‘众声喧哗’，则既不能缓和事态、化解矛盾，也不符合十七大提出的保障人民知情权、参与权、表达权、监督权的精神”[③]。2009年8月21

---

① 参见覃爱玲：《散步是为了避免暴力》，《南方周末》2009年1月15日。

② 参见陆侠：《政府如何应对“麦克风时代”》，《人民日报》2009年6月24日第5版。

③ 陆侠：《政府如何应对“麦克风时代”》，《人民日报》2009年6月24日第5版。

日，《人民日报》再度发表评论，指出："一些群体性事件，就是因为权威部门没能及时分阶段披露有关信息，才引起群众的质疑不满，最终把一些原本不难处置的事件，演变成造成广泛社会影响的公共事件"①。该文同时号召政府要改改"捂盖子"的陈旧思维，该公开的真相及时公开，保障群众的知情权和监督权。

（四）问责相关领导干部

问责可以在一定程度上追究责任、平息愤怒，化解矛盾。2008 年贵州瓮安事件发生不到一周的时间之内，贵州省委即开启了干部问责程序。这一开启，被视为开中国重大突发群体性事件领导干部问责的先河。7 月初，瓮安县委书记、县长、县政法委书记、公安局局长和政委被免职；黔南自治州州委书记被调整；瓮安县教育局局长，玉华乡党委书记、乡长，雍阳镇党委书记、镇长随后亦被撤职，34 名县以下干部被问责。②时任贵州省委书记甚至表示，若瓮安事件反复发生，自己将向中央请辞。③这一事件事实上开创了一种新的问责模式：群体性事件一旦发生，政府首先查找自身原因，检查政府工作中的缺失，公开坦承错误和不足，重新争取群众信任；上级也不为下级"买单"，直接启动问责程序，分清责任，罢免失职、渎职官员。2009 年 7 月，中央办公厅、国务院办公厅公开颁行的《关于实行党政领导干部问责的暂行规定》第一次公开针对群体性事件明确规定了问责制，对群体性、突发性事件处置失当，导致事态恶化，造成恶劣影响的，对党政领导干部实行问责。同时，该暂行规定还统一规范了问责方式，责令公开道歉、停职检查、引咎辞职、责令辞职、免职。

（五）免责参与群众

群体性事件的规模人数较多，经常是成百上千人，个别情况可以达到数万人。在这种情况下，如果坚持传统的"从严打击""从重处理"的做法，可能会激起群众更大的反抗。免除多数参与群众的责任、缩小打击制裁范围的做法，逐渐成为群体性事件的主要治理方式之一。2006 年 12 月，最高人民检察院通过的《关于在检察工作中贯彻宽严相济刑事司法政策的若干意见》对此作出了明确规定："处理群体性事件中的犯罪案件，应当坚持惩治

---

① 《是"不明真相"还是"不给真相"》，《人民日报》2009 年 8 月 21 日第 6 版。

② 参见刘子富：《新群体事件观》，新华出版社 2009 年版，第 27 页。

③ 参见马昌博：《石宗源：担当的勇气》，《南方周末》2008 年 12 月 31 日。

少数，争取、团结、教育大多数的原则。对极少数插手群体性事件，策划、组织、指挥闹事的严重犯罪分子以及进行打砸抢等犯罪活动的首要分子或者骨干分子，要依法严厉打击。对一般参与者，要慎重适用强制措施和提起公诉；确需提起公诉的，可以依法向人民法院提出从宽处理的意见”。在2008年的贵州瓮安事件中，有110多名学生、教师直接参与打砸抢烧，当地政府没有严格“依法打击”直接参与者，而是以疏导、引导、教育、帮助为主，参与该事件的绝大多数最终重回学校，最后确需依法追究刑事责任的学生只有10人。[①]

除此之外，对参与群众的定性用语要严谨。“不明真相的群众”一直是过去对参与群体性事件的一般群众的定性。在官方发布的众多群体性事件的报道中，“不明真相的群众”经常出现。2009年7月27日下午，在吉林省政府新闻办举行的新闻发布会上，吉林省国资委副主任、新闻发言人在通报吉林通钢群体性事件时，连用了好几个“不明真相”，如“鼓动一些不明真相的人员”“继续煽动不明真相人员”等等。[②] 对此新华社发布时评文章，要求披露群体性事件时少用“不明真相”。[③] 2009年8月21日,《人民日报》发表评论《是“不明真相”还是“不给真相”》指出，在传媒市场化和网络信息化的时代，动辄以“不明真相群众”为理由搪塞原因，说轻了是自欺欺人，说重了是推卸责任；这种“不给真相”的行为，不仅影响了政府的公信力，还涣散了民众的信心。[④] 该文还援引了“瓮安事件”发生时贵州省委书记的评论：要打破群体性事件是“不明真相的群众在少数坏人的煽动下”发生的思维模式。2009年8月26日，云南省陆良县煤矿施工发生群体性事件，当地个别媒体记者在采写新闻报道时，按照惯性思维在稿件中称“不明真相的群众在一小撮别有用心的农村恶势力煽动下，围攻煤矿施工人员和公安民警”等。8月28日，云南省委宣传部及时发现了新闻报道中这些“刺眼”的用语，当即提请有关媒体予以纠正，并下发紧急通知指出，大多数群众的共同诉求有合理的地方，各级党委、政府一定要多从自身找原因，真心正视、

① 参见刘子富:《新群体事件观》，新华出版社2009年版，第38、54页。

② 参见《吉林通钢因重组引发群体事件》,《人民日报》2009年7月28日第6版。

③ 参见《群体性事件中少用“不明真相”》，http://news.xinhuanet.com/politics/2009-07/28/content_11788078.htm，2016年10月22日。

④ 参见《是“不明真相”还是“不给真相”》,《人民日报》2009年8月21日第6版。

回应和解决群众诉求，以此为中心工作，不能一味指责群众，甚至给上访群众乱贴“刁民”“恶势力”“不明真相”“别有用心”“一小撮”等标签。[①]

（六）加强社会建设、保障人民根本利益

群体性事件的导火索常常是一件普通的纠纷，甚至是一起微不足道的小事情。因处理不及时或处理不当，点燃长期积累的矛盾，没得到及时处理。任何一个偶然的事件，都有可能导致民众和社会情绪的井喷，酿成不应有的过激社会行动。如果想从根本上化解群体性事件，就应该真正关注民生、加强社会建设，提升人民物质和精神生活质量，公平分配利益，充分满足各种各样的民生需求等，建立和谐的、民主的政府与群众关系。只有这样，才能从根源上平息民众对于政府和社会的不满，最终化解群体性事件。

① 参见汪言安:《处理群体性事件拒绝权宜之计》,《经济观察报》2009 年 9 月 11 日。

“民意”与司法，谁主审判？
——以药家鑫案为视角

冀 放*

无限权威是一个坏而危险的东西。在我看来，不管任何人，都无力行使无限权威。当我看到任何一个权威被授以决定一切的权利和能力时，不管人们把这个权威称作人民还是国王……我都要说：这是给暴政播下了种子。

——托克维尔 ①

一 问题的提出：药家鑫案中的杀声从何而来？

（一）案件事实与审判结果回顾

2010年10月20日23时许，西安音乐学院大三学生药家鑫驾驶红色雪佛兰小轿车行驶至西北大学长安校区外西北角学府大道时，撞上前方同向骑电动车的张妙，因怕其看到其车牌号，以后找麻烦，便产生杀人灭口之恶念，遂转身从车内取出一把尖刀，上前对倒地呻吟的张妙连捅数刀，致张妙当场死亡。杀人后，药家鑫驾车逃离现场，当车行至郭杜十字时再次将两情侣撞伤，逃逸时被附近群众抓获，后被公安机关释放。2010年10月23日，药家鑫在其父母陪同下到公安机关投案。经法医鉴定：

---

* 冀放，北京大学法学院博士研究生。

① ［法］托克维尔：《论美国的民主》，董果良译，商务印书馆2004年版，第289页。

死者张妙系胸部锐器刺创致主动脉、上腔静脉破裂大出血而死亡。

2011 年 1 月 11 日，西安市检察院以故意杀人罪对药家鑫提起公诉。同年 4 月 22 日，西安市中级人民法院一审判决，药家鑫的行为构成故意杀人罪，判处死刑，剥夺政治权利终身，并处赔偿被害人家属经济损失 45498.5 元。药家鑫提起上诉，5 月 20 日，陕西省高级人民法院二审对药家鑫案维持一审死刑判决。①

（二）舆论的声音

药家鑫案审判过程中，网上广泛流传着诸如药父身份、药家房产等信息，许多人立刻认定药家鑫为纨绔子弟，将其与“官二代”“富二代”对号入座，顷刻间网上声讨“富二代”的声音甚嚣尘上，有网民称此案为又一“李刚案”。在这样的舆论背景下，央视《新闻 1+1》、凤凰卫视中文台《一虎一席谈》等节目因内容有试图影响社会舆情以达到宽恕药家鑫目的的嫌疑，而遭到舆论的指责。一审法院于庭审中发放调查问卷的非常规行为更成为人们质疑司法不公的把柄。案件的多数关注者似乎都对法院独立与司法权威丧失了信心，他们担心药家“深不可测”的背景“控制”媒体和审判，担心出现又一个“二代”凌驾于法律之上的案例。于是他们抓住任何一个可能造成司法不公的疑点，展开评论、批判甚至抨击，有网友甚至气愤地喊出“药家鑫不死，法律必死”“药家鑫和中国，只能活一个”等过激口号。

药家鑫案件在网络和现实生活中引起了轩然大波，舆论哗然。有人主张依律处刑，将药家鑫绳之于法；有人借机宣扬废除死刑，主张宽容相待；还有一些比较理性的声音，从专业的角度单纯地分析药家鑫案反映的法律和社会问题。不过，总体来看，关于药家鑫案的评论“杀”声一片，理性的声音十分微弱。并且，主张宽容的观点及专家的言论还在网络上引发了“口水战”，遭到网民几乎一致的批判，如中国人民公安大学教授从犯罪学的角度对药家鑫犯案的手法和心理的分析，遭到了网络舆论的一致批驳，并被戏称为“弹钢琴强迫杀人法”。在不绝于耳的喊“杀”声中，2011 年 6 月 7 日上午，药家鑫被执行死刑。

---

① 参见《药家鑫开车撞人后刺死伤者一审被判死刑（图）》，http://www.qingdaonews.com/gb/content/2011-04/22/content_8750136.htm，2016 年 9 月 16 日。

然而，药家鑫真的是网络舆论中所一致抨击的“官二代”或者“军二代”吗？资料显示，药家鑫家境是普通工薪阶层。其母亲是西安北方华山机械有限公司职工，已经退休；其父亲药庆卫曾经是总后勤部西安军事代表局驻该厂军代表，在案发时已经离职自谋职业。这样的家庭背景，很难让人把它与“官二代”挂钩。

（三）“杀”声从何而来？

药家鑫案中的“杀”声从何而来？是司法公正的审判，还是弥漫于网络和现实中的所谓“民意”？以群众狂欢的方式处死一个人，这符合我国法治建设目标吗？药家鑫被判死刑没有错，但作为围观者的人们的心态和言行就没有错吗？“药家鑫被处决了，他手里的那把刀已经放下，但很多人心里的那把刀依旧高举，借助网络的力量，一刀刀扎向药家鑫的父母，也扎向这个社会的信任与良知，这不是一个法制社会应该有的现象。”① 兰和律师在接受采访时的这一番言论发人深省。

客观而言，在药家鑫案的审判过程中，“民意”所向并未超越法律规定的框架，但这并不意味着舆论对案件的审判结果没有影响。虽然从法院判决中认定的事实来看，对药家鑫处以死刑是符合我国的法律规定和司法实践的。不过，从法学专业的角度而言，此案中，对药家鑫处以死刑或者死刑缓期两年执行都是在我国刑法规定范围之内的合理量刑，如何选择取决于审判者的自由裁量。此时，舆论的压力对于法官的抉择很难说没有作用，在可杀可不杀的情况下，“民意”普遍指向“杀”，则判决结果如何，可想而知。

二　舆论焦点案件中的“民意”

实际上，在药家鑫案中，“民意”所向与法院判决的结果殊途同归，并未发生冲突。我们不能否认“杀”声一片的舆论对判决结果的影响，但仅就个案，无法看出“民意”究竟是否对司法造成了干预。不过，通过对系列舆论焦点案件中“民意”的剖析，我们或能对介入司法领域的“民意”有一个基本评价。

（一）鲜明对比：夏俊峰案、邓玉娇案

在药家鑫案审判的同时，另一起重大案件——夏俊峰案，也是舆论关注

① 《独家报道：律师眼里的药家鑫之父》，《法律与生活》2011 年第 9 期。

的焦点。不过，在夏案中，舆论几乎完全倒向了杀人者夏俊峰。

> 2009 年 5 月 16 日，夏俊峰与妻子在沈阳市沈河区南乐郊路与风雨坛街交叉路口附近摆摊时，被沈阳市城管执法人员查处，后夏俊峰随同执法人员到沈阳市城市管理行政执法局沈河分局滨河勤务室接受处罚。根据检方的指控，在接受处罚期间，夏俊峰因故与申凯、张旭东等人发生争执（夏俊峰在庭审中称，自己先被踢了一脚，后又被打了下身），遂持随身携带的尖刀先后猛刺申凯胸部、背部，张旭东胸部、腹部及张伟腹部等处数刀，致申凯、张旭东死亡，张伟腹部损伤程度为重伤。案发后夏俊峰逃离现场，于当日 15 时许被公安机关抓获。
>
> 夏俊峰的辩护律师认为，该案的起因是 2009 年 5 月 16 日沈河区城管申凯、张旭东等十几人进行野蛮执法。夏俊峰不属于故意杀人，其行为符合正当防卫的条件。
>
> 2009 年 11 月 15 日，沈阳市中级人民法院一审宣判，法院认为被告人夏俊峰在与城管执法人员因摆摊占道问题发生争执后，持刀在被害人办公室行凶，造成 2 人死亡、1 人受重伤。其犯罪手段特别残忍，情节极其恶劣，后果极其严重，应依法严惩。夏俊峰的行为构成故意杀人罪，判处死刑，剥夺政治权利终身。
>
> 2011 年 5 月 9 日上午，辽宁省高院终审认为，没有足够证据表明夏俊峰遭到了明显的、危及人身安全的不法侵害行为，故其正当防卫辩护理由不成立。辽宁省高级法院作出刑事裁定，驳回上诉，维持原判。此案现在正在最高人民法院核准。①

夏俊峰案在二审期间进入公众视野后，立刻引起了舆论哗然，评论者很快先入为主，谴责城管人员的野蛮执法行为，同时为夏俊峰鸣冤叫屈。在这一案件中，“民意”认为，城管暴力执法是普遍现象，是对社会底层的劳苦大众的公然欺凌。而作为强权暴力的受害者，夏俊峰只是在自己的人身受到侵害时做了保护自己的行为。他的行为，是在救济无门的情况下，对城管公

---

① 关于案情介绍，参见“夏俊峰”（百度百科），http://baike.baidu.com/view/5614157.htm，2016 年 9 月 30 日。

然暴力执法的违法行为的无奈抗衡，情有可原，即便其行为造成了严重的后果，仍应当从轻处罚，免除死刑。

通过网络和其他媒体，夏俊峰正当防卫的辩护理由以及夏俊峰和妻子起早贪黑挣钱养家的悲情被充分放大，在网民看来，最高人民法院的死刑复核结果，最终能否给夏俊峰一条生路，“关乎政府能否给弱势群体生存空间，关乎这个社会的公平和正义”①。

同一时间，两起故意杀人案件，却有着截然不同的舆论倾向。药家鑫被认为必须为其残忍的罪行偿命，并在一片“杀”声中郁郁而终；夏俊峰则得到了舆论的强力声援和同情，在“枪下留人”的高呼声中，手刃两命的杀人犯被描述为“正当防卫”的无辜穷人。如此鲜明的对比，似乎在昭示着，如今介入司法领域的“民意”，已经不再仅以价值观为依据。

类似的另一起案件是2009年发生于湖北省巴县的邓玉娇案。

根据巴县警方第三次案情通报，案件经过如下：

> 2009年5月10日20时许，邓贵大、黄德智酒后陪他人到野三关镇“雄风”宾馆休闲中心“梦幻城”消费。黄德智进入水疗区一包房，黄误认为邓玉娇是水疗区服务员，遂要求邓提供异性洗浴服务，邓以自己不是水疗区服务员为由拒绝，双方为此发生口角，邓走出包房进入隔壁服务员休息室。黄认为邓态度不好，尾随其进入休息室并继续与之争吵。此时邓贵大闻声进入该房，亦与邓玉娇争吵。邓贵大称自己有钱，来消费就应得到服务，同时拿出一叠钱炫耀并朝邓玉娇头、肩部搧击。邓玉娇称有钱她也不提供洗浴服务。争吵中，休息室内另两名服务员上前劝解，邓玉娇即欲离开休息室，邓贵大将其拦住并推坐在沙发上，邓玉娇又欲起身离开，邓贵大再次将邓玉娇推坐在沙发上，邓玉娇遂拿出一把水果刀起身向邓贵大刺击。致邓贵大左颈、左小臂、右胸、右肩受伤。黄德智见状上前阻拦，邓玉娇又刺伤黄右大臂。邓贵大因伤势严重，经抢救无效死亡。②

---

① 陈喆、胡江春：《传统媒体如何报道“强弱”冲突事件？——药家鑫案、夏俊峰案的媒体立场解读》，《新闻战线》2011年第6期。

② 关于案情介绍，参见“邓玉娇事件”，http://zh.wikipedia.org/wiki/%E9%82%93%E7%8E%89%E5%A8%87%E4%BA%8B%E4%BB%B6，2016年9月29日。

此案在新浪网上第一次与网友照面后，短短几天，关于此报道的留言评论的数量攀升至第一位，其他各大网站也陆续跟进，整个网络的关注焦点汇聚于此，迅速掀起舆论狂潮。案件侦查过程中，巴县警方三次案情通报之间的不同之处遭到了网络舆论的一片质疑，关于“官官相护”的猜测和指责层出不穷。“营救邓玉娇”的呼声响彻网络，成为一时间网络热点词汇。在这一呼声的引领下，舆论呈现一边倒的局面，评论者普遍认为邓玉娇持刀杀人的举动是在贞操受到严重威胁情况下的正当防卫行为，应当无罪释放。

随着舆论的升温，巴县司法机关立场也发生了变化：警方从最初以故意杀人罪拘捕邓玉娇，变更为认定其构成防卫过当。6月16日，法院一审以防卫过当的罪名宣判，在综合考虑各项因素后，对邓玉娇免于刑事处罚。这一结果，与此案的“民意”基本契合，得到了所谓多数人的认可，网络舆论风暴逐渐消退。

在夏俊峰、邓玉娇两起案件中，舆论都出现了“一边倒”的局势，为违法犯罪行为人披上了舆论保护的外衣。同药家鑫案类似，网络舆论因为其声势浩大、影响范围广泛而迅速发展演变为针对案件的所谓“民意”，并明确地通过网络评论及媒体报道对案件的审理产生压力。不过，仔细斟酌这所谓的“民意”，不难发现其非理性的内容。比如，在夏俊峰案中，舆论忽视了夏俊峰正当防卫证据不足的问题，有宁可听信夏俊峰及其辩护律师的一面之词而否定两审法院的事实认定的嫌疑。在邓玉娇案中，“正当防卫，无罪释放”的“民意”显然忽视了案件事实中“强奸”情节是否构成，邓玉娇杀死一人的行为是否过当以及杀伤前来拦阻的黄德智是否也属于“正当防卫”的范畴。这里“民意”的内容，更多的是对犯罪行为人社会弱势地位的袒护，以及对案件起因所折射的社会问题的愤慨，具有一定的盲目性。与其说是“民意”，不如说是“民愤”。

（二）无独有偶：谁处死了张金柱?

张金柱，原郑州市公安局二七分局局长、郑州市高新技术产业开发区公安分局政委。1997年8月24日21时40分，张金柱驾驶一辆牌号为豫A54010的皇冠2.0白色轿车，撞击了各自骑车的苏东海、苏磊父子。11岁的苏磊被当场撞飞，后经抢救无效死亡；苏东海以及两辆自行车则被卡在汽车左侧的前后轮之间，逃跑的汽车拖着苏东海狂驰

1500 米，受重伤。义愤之下，目击事故过程的行人、出租车一起对肇事皇冠车围追堵截，终于将其逼停。

在全民声讨的强大舆论中，张金柱案走向法庭。当年 12 月 3 日，郑州市中级人民法院公开审理此案，法庭外支起了音箱“直播”庭审过程，大量市民聚集收听。1998 年 1 月 12 日，张金柱因交通肇事罪和故意伤害罪数罪并罚被判处死刑。张不服提起上诉，河南省高院维持原判。1998 年 2 月 26 日，张金柱被执行死刑。①

1997 年 8 月 25 日，《大河文化报》在头条的位置刊登了一条新闻，“昨晚郑州发生一起恶性交通事故：白色皇冠拖着被撞伤者狂逃，众出租车司机怀着满腔义愤猛追”。大河报的报道迅速被全国媒体转载。不久，在传媒界具有深刻影响力的《南方周末》对此事进行报道，随后，中央电视台《焦点访谈》也播出对此案的调查。经过几大主要媒体的追踪报道后，张金柱的卑劣行径昭著于全国范围内，成为“民意”愤怒情绪的发泄点。

强大的舆论压力使得张金柱案发生了质的变化，正如张金柱的律师所说，张金柱已经超过了交通肇事案被告人的身份，变成了公安队伍中违法乱纪的典型代表，成了公安队伍中反面人物的化身。案件的性质也由交通肇事，变更为交通肇事及故意伤害。

“我是被记者杀死的。”张金柱在临刑前的这一言论强烈地刺激了当时刚刚进入蓬勃发展期的中国新闻界以及在依法治国道路上刚刚起步的中国司法界，引起了巨大的争议，至今余波犹存。2002 年，《第一种危险——张金柱恶性交通肇事案真相调查》一书的出版，被认为是为张金柱翻案之作，作者在肯定了舆论监督的强大力量之后质疑：倘若新闻本身出了问题怎么办？而案发 9 年之后，62 岁的《大河报》前副总编马云龙却这样解读张金柱案的报道：“如果它是一个标志，那就是表明媒体开始以前所未有的深度来干涉社会，成为监督的一种力量。”

谁处死了张金柱？这个问题看似简单，实则颇难答复。在张金柱案发生的时期，网络舆论虽未成为“民意”的主旋律，但是由媒体报道所引发的社

① 关于案情介绍，参见《舆论之锋初亮剑 张金柱案及其报道》，http://news.163.com/special/0001253K/decade02061228.html，2016 年 7 月 30 日。

会舆情显然扮演了“民意”的角色。死刑的判决出自法院，形式上是国家通过权力行使处决了罪大恶极的张金柱，然而，充斥在案件审理过程中的媒体报道、舆论声讨，以及早已在舆论中形成的“死刑判决”等“民意”对案件处理结果造成影响的可能性显然不能排除。“民意”究竟监督了司法还是干预了司法？衡量标准如何？其间的“度”如何把握？这些问题至今悬而未决。

（三）扑朔迷离：梁丽是否无辜？

2009年5月11日，《广州日报》刊载了一片名为《女工“捡”获300万元金饰可能被诉盗窃罪》的报道，内容如下：

> 案件的主角梁丽，女，今年40岁，是河南开封人，被刑拘前是某清洁公司员工，负责深圳机场候机楼B楼出发大厅的清洁卫生。案件发生在2008年12月9日，记者拿到的一份今年3月12日由深圳市公安局出具的起诉意见书，意见书详细描述了案件的发生过程。
>
> 事发地点是深圳机场B号候机楼二楼出发大厅。当天8时20分左右，梁丽如常在机场候机大厅里打扫卫生。当她第一次走到19号登机柜台时，看到垃圾桶附近有两个女乘客带着一个小孩在嗑瓜子，她们中间有一辆行李车，车上放着一个类似方便面箱的小纸箱。过了五六分钟，两位旅客急急忙忙跑进安检门。梁丽第二次来到19号柜台垃圾箱旁，看到那个小纸箱还在行李车上，以为是她们丢弃的，左右看看也没有人，就顺手把小纸箱当作丢弃物清理到清洁车里。然后梁丽继续在大厅里工作。9时左右，梁丽走到大厅北侧距案发现场约79米远的16号卫生间处，告诉同事曹某称自己“捡”到一个纸皮箱，里面可能是电瓶，先放在残疾人洗手间内，如果有人认领就还给人家。
>
> 9时40分左右，梁丽和其他清洁工聚集在3楼一起吃早餐，其间梁丽又告诉大家其捡到一个纸箱，比较重，可能是电瓶。这时另一名清洁工马某就提出去看一下，如是电瓶就送给他用于电鱼。
>
> 于是马某和曹某就到楼下放纸箱的残疾人洗手间，打开纸箱后发现里面竟然是一包包的黄金首饰。两人取出两包首饰一人分一半后就离去了。快下班时曹某看到梁丽，告诉她捡到的纸箱内装的可能是黄金首饰。梁丽不相信，来到那个洗手间从纸箱拿出首饰查看，并拿一件首饰让同事韩英拿到大厅内的黄金首饰店询问。韩英回来告诉梁丽，这首饰

和首饰店里所卖的黄金首饰是一样的。梁丽以为韩英跟自己开玩笑，觉得这么贵重的东西不可能没人要，顶多是从路边小摊买的假首饰。反正是捡的又不是偷的，不如下班拿回家给小孩子玩或送给亲戚朋友。中午下班后梁丽就把小纸箱带回自己家中。

到了16时，梁丽同事曹某在她出租屋楼下喊，说你捡的东西，人家失主报警了。梁丽告诉曹某，说明天上班交上去不就行了。18时左右，两个人来到梁丽家，说他们是警察，问她是否捡到一个纸箱。梁丽确认他们真是警察后，就主动从床下拿出那个纸箱交给他们。警察把梁丽一家人带到派出所。

原来，当天9时许，机场派出所接到了一位叫王腾业的男子报案，说自己是东莞市厚街镇永泰东路金龙珠宝公司员工，8时许在19号柜台前办理行李托运手续时，机场工作人员告诉他贵重东西不能托运，他于是马上到距离19号柜台22米远的10号柜台找值班主任咨询，却把装有14公斤黄金首饰的纸箱放在行李车上，而该行李车就停放在19号柜台旁边的垃圾桶处。10分钟后，当王腾业返回原处，发现纸箱不见了，便急忙向警方报警。

当天晚上，机场派出所便衣民警分别在梁丽、曹某、马某处找回了这批黄金。经鉴定，在梁丽处找回的首饰均为足金首饰，总重13599.1克，价值人民币2893922元；在曹某、马某处找回的黄金首饰分别价值106104元和66048元。[①]

这份报道一出，立刻引起了舆论的热烈讨论。不过，除了一些法学专业人士从案件的性质及定罪的角度展开争论之外，多数参与者都是从道德的角度出发，认为梁丽的行为有错但无罪，顶多算是"拾金而昧"，并不能算"偷"。读罢这份报道，相信几乎每个阅读者都会为梁丽的悲惨遭遇鸣冤，加上此报道"核心提示"部分的煽情之语，[②] 以及案件事实后对梁丽家境的追

① 关于案情介绍，参见柯学东:《女工"捡"获300万元金饰可能被诉盗窃罪》,《广州日报》2009年5月11日A10版。

② 该报道"核心提示"部分内容如下:"月入仅千元的机场清洁工，竟然在垃圾桶旁"捡"到一箱价值超过300万元人民币的黄金首饰！令人吃惊的是，这种"当头红运"对这个"幸运儿"来说，却竟然是一个噩梦的开始。因为这笔横财的主角，40岁的清洁工梁丽，有可能要被司法机关以盗窃罪进行起诉，一旦定罪，因为数额巨大，梁丽要面临的最高刑罚是——无期徒刑！"

踪报道，可谓打了一把颇有煽动力的悲情牌。于是，在深圳法学界的专家、律师们还没有对案件的性质统一意见时，“女工无辜”“不算盗窃”“无期太重”等舆情成为“民意”，在案件侦查、审查起诉阶段就对司法机关造成了压力。经侦查取证，深圳检察机关认定只是涉及侵占罪，不属于公诉案件，而被侵占一方，即丢失黄金的公司表示不起诉，于是，2009 年 10 月 10 日，深圳公安机关宣布撤案。

然而，案件的事实真如该报道所言吗？在这篇广为流传的报道中，采用了不少来自梁丽及其家人、工友、律师方面的单方面言辞，其真实性值得怀疑。2009 年 9 月 26 日，《羊城晚报》的报道与《广州日报》之前公布的案情有很大出入，根据这份报道，梁丽主动请求同事韩英持一袋首饰去机场金饰店鉴别，在韩英告知其为黄金首饰后，梁丽仍将纸箱带回家中。“14 时许，梁丽下班，将纸箱带回住处放置床下，另取出一部分黄金首饰放入丈夫衣服口袋内。18 时许，民警来到梁丽家中，询问是否从机场带回物品，梁丽否认，民警遂进行劝说。直到床下存放的纸箱被民警发现，梁丽才承认。接着，民警发现箱子已被打开，内装物品不完整，继续追问是否还有首饰未交出，梁丽仍予否认。民警随后从梁丽丈夫的衣服口袋内查获另一部分黄金首饰。”① 另有报道称，“她在很多关键细节上说了谎。比如梁丽之前曾称有两女子急于登机将涉案纸箱遗忘在行李车上，相关证人证言和现场监控视频显示，并不存在上述情形。梁丽一再声称黄金是在垃圾桶旁‘捡’到的，但事实是最近的垃圾桶在 11 米外，涉案纸箱是放在 19 号柜台前 1 米黄线处的行李手推车上。而且梁丽在拿走纸箱前并未询问周围乘客或工作人员，在发现纸箱不到半分钟的时间里便将其拿走。这与她之前所称在现场等了三四分钟没人来取，疑为旅客不要才搬走的说法不符。民警到梁丽家中询问其是否从机场带回物品，梁丽一再否认，直到床下存放的纸箱被民警发现，才承认该纸箱就是从机场带回的。这与此前梁丽声称一见警察就将纸箱交出的说法显然大相径庭。”②

新的案件事实曝光后，网络舆论的“一边倒”态势有所缓解，有不少评论者开始反思自己之前的言论是否恰当，也有学者发表文章质疑新闻媒体不

① 《梁丽案案情始末》，《羊城晚报》2009 年 9 月 26 日 A3 版。

② 杨国栋：《梁丽案是谁在误导舆论》，http://pinglun.eastday.com/p/20090930/u1a4698660.html，2012 年 2 月 11 日。

实报道的用意，对舆论干预司法的问题进行反思。

三 “民意”的法律解读

（一）“民意”的界定

何为“民意”?《现代汉语词典》的解释是“民众的意愿”。在中国的语言文化中,“民”字被赋予了一种天然的正当性，凡是与民连用的词，如民声、民主、民权等似乎也一并“继承”了这种不言自明的正当性。对这一正当性的任何质疑都会被本能地抗拒和下意识地排斥。同样，当“民意”二字在刑事司法领域内出现时，其正当性似乎也是毋庸辩驳和不可置疑的，[①]因为它是多数人基于价值观对案件所作出的道德判断。托克维尔有言:“一项通行的法律，在一个国家，要由人民的多数来制定和最后采纳；而在全世界，则要由全人类的多数来制定和最后采纳。这样的法律才是公道的法律。”[②] 可见,“民意”与司法是紧密相连的。

卢梭认为:“公意永远是公正的，而且永远以公共利益为依归”，但他也承认“并不能由此推论说，人民的考虑也永远有着同样的正确性。”[③] 虽然介入司法领域的“民意”似乎代表着所谓多数人对案件的看法和情绪，但民众的观点并不一定就是理性的和正确的，这一点在此前分析的案例中已有例证。强调多数人意见的绝对正当性，无疑会有带来“多数人的暴政”之危险。

由此可见，介入司法领域内的“民意”，的确具有一定的正当性，但是如果过分强调和放大这种正当性以致架空司法程序，那么“民意”也会因此丧失其正当性。

（二）“民意”主要由网络舆论构成

由于网络时代的来临，网络舆论的价值导向作用已经愈发明显，而网络信息四通八达的覆盖范围以及瞬发即至的传播速度更为“民意”的培育提供了天然的土壤。无论是药家鑫案中的杀声、夏俊峰案中的“枪下留人”、邓玉娇案中的“营救邓玉娇”还是梁丽案中的“女工无辜”，这些颇具影响力的“民意”都是在网络舆论中酝酿而生并迅速转播的。

---

① 参见冀祥德:《民愤的正读——杜培武、佘祥林等错案的司法性反思》,《现代法学》2006年第1期。

② ［法］托克维尔:《论美国的民主》，董果良译，商务印书馆2004年版，第287页。

③ ［法］卢梭:《社会契约论》，何兆武译，商务印书馆2005年版，第35页。

网络舆论的一个特点，就是标签化。网民往往不会认真推敲事件本身的细节，而习惯于主观地作出善恶判断，贴上泛道德化的标签，如“富二代”“官二代”“军二代”无视司法、飞扬跋扈；社会底层人民忍辱负重、备受欺凌、救济无门；公务员、领导干部、警察、城管恃强欺弱、霸道嚣张等。如在邓玉娇案中，尽管事情还未调查清楚，邓玉娇的行为已被解读为“守贞操的弱女子被逼无奈杀死好色官吏”的正义之举，事件的性质被界定为“官民纷争”，引来无数人为邓玉娇呐喊奔走。

网络的开放性、随意性、匿名性、娱乐性等特征导致了大多数言论都是一些简单浅显的、情绪性的表达，甚至可能是在完全不了解事件的情况下，根据自己的想象来做出的判断和评价。所以，我们看到的网络言论大多分散且缺乏理性的深入分析。如 2008 年震惊全国的杨佳袭警案，在网络舆论中竟存在“杨大侠”“杨义士”“刀客杨佳”的称颂；在 2010 年校园凶杀案肆虐时期，还有人喊出“杀孩子狗熊，杀贪官英雄”的口号。

网络舆论在评论司法案件时还具有另一个显著特点——舆论审判，即在司法机关对案件进行处理之前，舆论提前对案件的性质和量刑等问题做出结论。这种结论往往是不顾其所掌握的信息是否客观真实，仅仅依据“大家”公认的“事实”。并且，经过网络的放大效应之处理后，这种结论很快成为所谓的“民意”，形成一种强大的舆论压力，使得司法机关在处理相关案件时的独立地位受到限制甚至逼迫。

（三）“民意”的形成受媒体报道的影响

媒体的报道是公众获得案件信息的主要途径，对于大多数人而言甚至是唯一途径。从已经分析过的五个案件中可以发现，“民意”的形成都是基于主要媒体对案件事实的报道。近年来，我国媒体“无冕之王”的影响力日益突显，新闻媒体在社会中的影响也逐渐扩大，社会中流传着这样的话：“法院不如电视台管用”，“不怕上告，就怕见报”，“十年上访不如一朝采访”。

然而，以新闻的形式呈现给社会大众的新闻事实与法院判案所依据的法律事实之间存在较大差距。法律事实必须符合实体真实和程序真实，并且需要遵循证据裁判主义原则，但是新闻事实仅需要与客观实际相一致即可，并不一定具备合法性、关联性。因此，案件当事人一方对案件情况的陈述属于新闻事实，但是在法庭认定之前，它并不是法律事实。譬如，梁丽案的第一份报道中采用了很多梁丽单方陈述的、检方未认定的事实，这显然在很大程度上影响了公众对此案的观感，也使梁丽得到了很多公众的同情与支持。又如，震惊全美的辛普森杀妻案中，如果从美国各大媒体公布的事实出发，辛普森的罪行难逃惩罚，但是，这些客观事实经过了正当法律程序后，非法证据被排除，剩余的证据却无法确证辛普森有罪，这里体现的也是新闻事实与法律事实之间的差异。

尽管新闻真实是传媒界的基本自律规则，是新闻报道的首要要求，但是，媒体的报道不能完全做到客观真实和价值无涉。媒体公布的案件事实是一种经过复制甚至加工后的信息，如果大众传媒在拷贝和复制的过程中出现了遗漏、偏差甚至错误，所复制的信息就是不真实的。易于获知却真伪难辨，是媒体公布的案件事实的普遍特点。再者，媒体之间竞争的日益激烈，要求媒体有稳定的受众人群，并不断发展受众数量。引人注目、扣人心弦的报道显然是满足这一要求的最优方案。大案、要案、奇案多能满足读者的猎奇心。因此，对于一般案件的报道，媒体一般有所侧重，将案件设计的扑朔迷离，将报道描上刺激性和轰动性色彩，甚至报道与案件无关的事实，以赢得更多的关注。反之，平铺直叙的报道注定失败。[①] 这一点在张金柱案中得到充分的体现，媒体报道侧重于对案件的惨烈程度以及受害人的悲惨遭遇进行浓墨重彩的描写，显然吸引了大量读者的眼球，也引起了舆论的广泛关注。在梁丽案中，新闻媒体在报道案情的同时，也大量地报道梁丽进行子宫肌瘤手术、肾部手术、对父母孝顺和对儿子关心等与案件无关的事实，大打温情牌，同样引来大量读者关注的目光。

正是由于“民意”对案件事实和性质的认识是建立在媒体的报道基础上，所以“民意”非常容易被媒体牵着鼻子走，如此便有媒体的不准确信息引导舆论干预司法审判并造成错案或者其他不良后果的可能，并且也可能出现案件的一方当事人通过媒体的报道引导舆论，形成对已方有利的“民意”，对司法审判施加压力以达到自己目的的情况。这并不是无端的假设，在药家鑫案中，被害人张妙的代理人张显，在案件审判过程中在网络上发表了多篇文字，塑造了傲慢、无礼的药家形象，有煽动舆论的嫌疑。而 2006 年引发全国范围内“道德滑坡”质疑声的彭宇案更是“创设有利民

---

① 聂慧苹:《新闻报道对司法权的理性监督——从新闻媒体对梁丽案的报道说开去》,《西部法学评论》2010 年第 2 期。

意”的典型。[①]

（四）“民意”对司法审判的双刃剑作用

“民意”对司法有影响，并且随着传媒的迅速发展，这种影响将越来越明显。这不仅仅与舆论波及面的广泛性有关，我国司法体制内部的缺陷也是“民意”介入司法的重要原因。长期以来，我国的司法工作不透明，司法不公正、司法工作人员暗箱操作的腐败现象时有发生。本来就对诉讼不崇尚的民众更是降低了对司法机关的信任。而通过新闻报道引发的“民意”监督在一定程度确实解决了司法机关未能很好解决的问题。很难想象，如果没有媒体的追踪报道以及舆论的巨大压力，“李刚”案的处理结果是否还与今天一样。而被誉为“舆论之锋初亮剑”的张金柱案，如果没有强大的舆论监督，张金柱是否可能利用其公安局局长的职务“化干戈为玉帛”也不得而知。

我们不能否认，相关案件的社会舆论所形成的“民意”有推进我国司法进步的作用，甚至可以说，正是在强大舆论压力和公众不断质疑下，有些案件最终得到了公正的解决，法律效应与社会效应也一定程度上得到统一。如重庆孙伟铭案件的处理结果，在一定程度上推动了刑事司法实践中危险驾驶系列犯罪的罪行阶梯的形成；而在许某案中，尽管有人质疑“舆论绑架司法”，但“民意”的呼声的确避免了量刑的畸轻畸重，促进了罪刑相适应原则的实现。在案件的处理过程中，介入司法领域的“民意”所表现出的极高的群众参与度，体现了我国公民社会主人翁意识，而其讨论层次的提升以及参与方式的多样性，也充分体现了我国公民法治意识的提升。

当然，介入司法领域内的“民意”作为一把双刃剑，在刨除司法体制内的糟粕的同时，必然会带来副作用。其不假思索的标签性道德判断以及易受媒体倾向性报道控制的特性便是“民意”阻碍司法公正的潜在威胁。在此前分析几起典型案件中，存在一个普遍的规律，即案件中社会地位处于弱势的一方往往受到“民意”的保护，但是这种保护有一定的盲目性，甚至保护过当，以至于干扰了正当法律程序的进行，甚至带来严重的负面效应，彭宇案就是典型。

---

① 彭宇案一审期间，彭宇主动打电话给一位网站论坛版主，表示自己因做好事被诬告，将一个老太扶起后反被起诉，希望媒体关注此事。该版主立即用短信将这一情况通报给南京十多家媒体和网站记者，随即便引起了长达5年的“扶还是不扶”的大讨论，甚至有“民意”主张对彭宇案提起再审，以拯救由此引起的国人的道德滑坡，直至最后的真相大白。

2006年11月20日9时30分左右，64岁的退休职工徐寿兰在南京水西门广场公交站等车时，有2辆83路公交车同时进站。徐寿兰急忙跑向后面一辆乘客较少的公交车，当她经过前一辆公交车后门时，26岁的小伙子彭宇正从这辆车的后门第一个下车，双方在不经意间发生相撞。急于转车的彭宇先向车尾看了一下，再回头时发现摔倒在地的徐寿兰，随即将她扶起，并与后来赶到的徐寿兰家人一起将她送往医院治疗，其间还代付了200元医药费。经诊断，徐寿兰摔伤致左股骨颈骨折，需住院施行髋关节置换术，费用需数万元。此时，双方因赔偿问题发生纠纷，先后报警，但未能达成一致。2007年1月12日，徐寿兰将彭宇诉至南京市鼓楼区法院，指认他将自己撞伤，并索赔包括医疗护理费、残疾赔偿金和精神损害抚慰金等共计13.6万元。

2007年4月26日，鼓楼区法院第一次开庭审理彭宇案，彭宇的妻子在代他出庭答辩时，没有说彭宇是做好事，只提出：“原告受伤非被告所导致的，不应该承担责任。”6月13日第二次开庭进行法庭质证时，彭宇在答辩中表示：“我下车的时候是与人撞了，但不是与原告相撞。”当被问及把原告扶起来出于什么目的时，他回答：“为了做点好事。”在得知原告申请调取的事发当日城中派出所接处警的询问笔录已丢失时，他对由当时处置此事警官补做的笔录提出异议，并表示要向有关部门和媒体反映这一情况。7月4日，彭宇主动打电话给一位网站论坛版主，表示自己因做好事被诬告，将一个老太扶起后反被起诉，希望媒体关注此事。该版主立即用短信将这一情况通报给南京十多家媒体和网站记者。彭宇于当日向鼓楼区法院提出准许新闻记者采访庭审的申请。9月3日，鼓楼区法院一审依据民法通则按公平责任分担损失的原则，判决被告彭宇承担40%的民事责任，给付原告徐寿兰4.5万元。双方不服上诉，案件最终调解结案，彭宇一次性补偿徐寿兰1万元。①

① 关于案情介绍，参见《南京官方称彭宇承认与当事人发生碰撞赔偿1万》，http://www.cnr.cn/gundong/201201/t20120116_509064162.shtml，2016年9月20日。

彭宇案中，彭宇主动要求媒体介入，并通过媒体创造对自己有利的“民意”，这是不争的事实，并且他的确达到了目的。一时间，舆论对“以怨报德”老太的指责和对“蒙冤好人”彭宇的声援潮水般涌现，给法院的审判施加了巨大的压力。一审判决书中的部分内容被媒体曝光后，法官认定事实的一些推理和分析又引发了舆论哗然和公众批评，使审理案件的法官本人也背负了巨大的负担。尽管最终双方调解结案，但 1 万元的赔偿仍然不能为“民意”所容忍。彭宇案被公认为“错案”，是社会“道德滑坡”的标志性事件。由于与“民意”不符，此案的处理，不仅没有带来好的社会效果，反而引发了真正的社会“道德滑坡”。自案件调解结案后，老人摔倒无人救助、做好事反而被诬告等事件真实且频繁地发生，而媒体则继续引导舆论将这些道德沦丧事件发生的原因归咎于彭宇案的“错判”所产生的负面效应，这使得法院承担了本不应承担的巨大压力。然而，根据南京官方最新的表态以及彭宇本人的现身说法，在 2006 年 11 月发生的意外中，徐寿兰确实与彭宇发生了碰撞，事实真相终于水落石出。此时，被“民意”误读和放大的彭宇案已经贻害匪浅。

（五）“民意”监督与独立司法的平衡

“民意”是一把既能监督和防范司法腐败、推动司法制度的发展，又能干扰独立司法、破坏司法公正、带来严重负面效应的双刃剑。得当使用，它可以劈奸斩邪，成为维护正义的尚方宝剑；但若用之不当，它亦能断筋折骨，变成阻碍公正的罪魁祸首。

不过我们不能因为负面效应就彻底将其丢弃，一个理性的追求民主和法治的国家，不能在“民意”监督与独立司法之间进行取舍，而应该努力实现二者之间的平衡，正确引导“民意”监督和司法独立的良性互动，以期既恪守司法独立和司法公正，又实现“民意”的监督作用，使这柄双刃剑成为悬在“暗箱司法”者头上的达摩克利斯之剑。

那么，如何平衡？解决方案至少有以下三个：第一，完善关于网络舆论的立法，约束网络舆论中关于案件的不负责任的评论。如采取网络实名制，则可以有效限制过激言论的产生；第二，完善针对新闻媒体的立法，控制媒体对案件事实的倾向性报道，防止其对舆论产生错误的导引；第三，落实审判公开制度，司法机关应当及时将必要的案件事实对公众公布，正确地引导舆论，尽量避免“民意”与司法审判结果冲突的情况发生。

不过，这些方案都是通过国家权力的行使对“民意”监督进行限制，不仅不能从本质上解决“民意”监督与司法独立之间的平衡问题，反而可能带来司法腐败复辟的副作用。要从根本上解决这一问题，必须先理解二者的本质，然后“对症下药”。

“民意”监督，是指公民对各种违法违纪行为特别是国家公职人员的违法犯罪、渎职腐败行为所进行的揭露、报道、评论或抨击。它以宪法规定的公民监督权、言论自由权为基础，属于公民权利的行使。司法独立具有两层含义，作为一项宪法原则，它确认司法权的专属性和独立性，是现代法治的基石；作为一项审判原则，它确保法院审判权的公正行使，防止法官的审判过程和审判结果受到来自其他政府部门和外界力量的干涉和影响[①]。它以国家的审判权为核心，是一项为现代法治国家所普遍承认和确立的基本法律准则。

由是可知，“民意”监督与独立司法是宪法语境下公民权利与国家权力之间如何平衡的问题。公民通过监督权和言论自由权的行使，限制国家公权力，防止行政独裁、司法不公的情况发生；而国家则通过审判权的行使，规范公民权利，对不正当的公民权利行使加以制裁。

如今，中国特色社会主义法治体系刚刚形成，司法体制改革已经进入了关键的发展阶段，独立司法也在法治中国建设的大背景下稳步推进。不过，在加速司法体制改革的同时，我们不能忘记，除了司法之治这一层意思外，法治的内涵还包括公民法律观念之治。司法制度的先进性与公民思维的法律性必须保持一致，否则民意与司法之间的就会产生矛盾。因此，要从根本上解决“民意”监督与司法独立之间平衡的问题，必须要加大普法宣传的力度，培养公民的法律观念，让公民形成自己的法律事实判断力，使法律思维成为公民思维的常态。

正如文章开篇托克维尔的名言所说，无限的权威是暴政的前兆。审判权虽是国家权力，却来源于人民的授权，司法虽要独立却不能脱离“民意”的监督，二者的制约平衡才是正义伸张的最优状态。“民意”监督与司法独立之间的关系，或如贝卡利亚所言，“一切违背人的自然感情的法律的命运，就同一座直接横断河流的堤坝一样，或者被立即冲垮淹没，或者被自己造成

① 卞建林:《媒体监督与司法公正》,《政法论坛》2000 年第 6 期。

的漩涡所侵蚀，并逐渐地溃灭”，“每个人均应由同他地位平等的人来裁判，这是最有益的法律。因为，在那些关系公民自由和幸福的地方，不应让煽动不平等的那些感情作怪。”[①]

看来，“民意”与司法，谁主审判？的确是一个值得我们深思慎行的问题，尤其是在法治中国建设之当下。

① ［意］贝卡利亚：《论犯罪与刑罚》，黄风译，中国方正出版社 2004 年版，第 39、43 页。

悲剧为何一再上演?
——杜培武等冤案中的刑讯逼供问题

吕升运*

中华人民共和国公民的人身自由不受侵犯。任何公民，非经人民检察院批准或者决定或者人民法院决定，并由公安机关执行，不受逮捕。禁止非法拘禁和以其他方法非法剥夺或者限制公民的人身自由，禁止非法搜查公民的身体。

——《中国人民共和国宪法》第三十七条

一 杜培武的悲情传奇

(一)从窦娥到杜培武

在前些年热播的电视剧《家有儿女》中，当回答父亲关于“窦娥是谁”的问题时，小主人公刘星蹦出了一个十分雷人的答案:“窦娥，是我国历史上最冤的一位妇女。”话音未落，观众们忍俊不禁。是的，关汉卿笔下的窦娥，其冤屈的确称得上是惊天地、泣鬼神。想想在饱受刑讯之后、行将受戮之前，窦娥所发下的“血溅白绫、六月降雪、大旱三年”等三桩血泪誓言，我们就足以感受到这位女主人公内心的冤屈是何其之大。随着历史的变迁，社会在很多方面都取得了巨大的进步，然而，人类的某些悲剧却并未随着这些进步而落下沉重的帷幕，一些悲剧以及悲剧中的某些成分成为某种“痼

* 吕升运，法学博士，中国社会科学院法学研究所博士后研究人员。

疾”被顽强地传承下来。即便到了今天，窦娥的悲剧仍然在不断上演，现代“窦娥”——甚至一些比窦娥还冤的公民们以其无以名状的悲惨经历在不时地挑战着文明社会的心理极限和道德底线。从本文主人公杜培武、赵作海等人的生死经历中，我们可以清晰地看到这种悲剧的延续。

之所以选择杜培武、赵作海等案作为本文描述和分析的对象，一方面是因为从这一系列的冤案中，我们可以清晰地透视法治、人权保障等一系列重大命题的症结或核心所在；另一方面，也是由于这一系列冤案在揭示目前司法实践普遍存在的一些问题的同时，也曾以其极富传奇色彩、跌宕起伏的情节而备受民众的关注。在这些案件当中，有些案件中的被害人是警察，真凶曾经做过警察，冤案的制造者是警察；有些案件真相虽然已经大白于天下，但至今难有定论；有些案件中当主人公绝望于深牢大狱之时，真凶却在不经意间浮出了水面，冤案戏剧性地得以昭雪；而有些案件在真凶若干年后落网之时，无辜主人公的坟头却早已荒草凄凄。

窥一斑而知全豹。让我们沿着杜培武等人那一段段不堪回首的传奇经历，一步步去拨开笼罩在人权与法治之上的重重雾霭，去体会那些备受折辱、欲哭无泪的不幸人们的悲愤与叹息。

（二）悲剧的上演

杜培武出生在一个知识分子家庭，父亲原是复旦大学毕业生，1960年代支援三线建设来到云南，杜培武的哥哥、姐姐和妹妹都是大学毕业，在1998年4月22日来临之前，这个大家庭的成员们个个事业有成，一家人和睦相处，其乐融融。但是就在这一天之后，这个幸福的家庭发生了令人意想不到的改变。杜培武或许将永远忘不了这一天，他无论如何也想不到，命运的潘多拉之盒竟会在这样普通的一天被一个叫杨天勇的人在不经意间随手打开。

1998年4月22日上午，在昆明市圆通北路40号，杜培武的妻子、昆明市公安局民警王晓湘和另一位男性警察王俊波的尸体在一辆被丢弃的警用面包车内被人发现。然而，对于饱受背叛之辱、丧妻之痛的杜培武来说，他的噩梦远没有就此结束，而只是刚刚开始。

两名警察遇害，引起了相关机构的高度重视。为侦破此案，昆明市公安局成立了“4·22”专案组，由当时的昆明市公安局刑侦支队政委秦伯联、刑侦三大队大队长宁兴华具体负责侦破工作。侦查人员推测，王俊波、王晓湘被杀害的时间应是 4 月 20 日 20 时左右，两人都是被王俊波所携带的手枪杀死的。警方初步调查后认定此案属于情杀，因此就把王晓湘的丈夫、市公安局强制戒毒所民警杜培武作为唯一的嫌疑人。由于命案原因聚焦在情杀，警方排列出了杜培武作为犯罪嫌疑人的若干疑点：杜培武察觉妻子与王俊波过从甚密、暗渡陈仓，因而心怀不满，伺机报复；杜培武在凶案发生当晚并没有被安排值班，却主动留在所里（其实杜是为了准备考试而留下复习的）；4 月 20 日当晚 19 时 40 分到 21 时 20 分，21 时 30 分到次日凌晨 7 时 30 分杜培武的活动情况无人证实；等等。

下午 14 时，离接到报案仅 5 个小时后，杜培武被警方留置盘问审查，从此失去了人身自由。7 月 2 日，杜培武被刑事拘留，8 月 3 日被批准逮捕。

（三）一审与二审

1999 年 2 月 5 日昆明市中级人民法院〔1998〕昆初字第 294 号刑事判决书认定“被告人杜培武犯故意杀人罪，判处死刑，剥夺政治权利终身”。一审宣判后，杜培武及其辩护律师以事实不清、证据不足、适用法律不当、诉讼程序严重违法以及办案人员有刑讯逼供行为等为由，向云南省高级人民法院提出上诉，要求改判杜培武无罪。云南省高级人民法院以“根据本案的具体情节和辩护人所提供辩护意见有采纳之处”为由，于 1999 年 10 月 20 日以〔1999〕云高刑一终字第 295 号刑事判决书改判杜培武“故意杀人罪，判处死刑，缓期两年执行，剥夺政治权利终身”。随后，杜培武就被押入云南省第一监狱服刑。

（四）与死神吻别

“幸运”之神在杜培武最为绝望的时候“眷顾”了他。当时间转至 2000 年的时候，一个偶然的事件向世人揭示出了杜培武的无辜与不幸。2000 年 4 月 23 日，一个名叫王春所的人和他乘坐的汽车离奇失踪。警方得到报案后通过严密监控，抓获犯罪嫌疑人柴某某及其女友张某某，经审讯，柴某某交代了以昆明铁路公安分局东站派出所民警杨某某为首的抢劫杀人集团的惊天罪行。尔后，杨某某、滕某某、肖某、左某某等先后落网。据这伙犯罪嫌疑人交代，从 1997 年 4 月至 2000 年 5 月，他们共杀害 19 人（其中警察 3 人，联防队员 3 人，现役军人 1 人，女性 2 人），杀伤 1 人，共盗抢机动车 20 辆。在被杀的三名警察中，其中有两人就是王俊波和王晓湘。“二王”系杨某勇、杨某才、滕某某杀害，并抢走王俊波所配“七七”式手枪。到了这个时候，杜培武的冤情才得以昭雪。2000 年 7 月 6 日，云南省高级人民法院宣判杜培武无罪，并予以释放。但此时的杜培武已经在看守所和监狱度过了 26 个月的非人时光，经历了从无辜民警到死刑罪犯的冰火两重天。对出狱后的杜培武来说，此前的一切都恍若隔世。回到家中，见到两年间陡然白发苍苍的母亲，杜培武不禁号啕大哭。

"走运？我还能叫走运？！"当出狱后的杜培武看到昆明某日报一则题为《聂树斌没杜培武走运》的评论时，十分气愤地反问了一句。然而，不幸的杜培武的确又是幸运的，同样被冤枉的聂树斌在真相浮出水面之时早已不知魂归何处，而杜培武，则毕竟吻别了死神。

"我一个无辜的家庭，一半毁在罪犯的手里，一半毁在司法腐败的手里。蒙冤之后，却要把洗脱罪名的希望寄托在发现真凶的身上，这是多么的可悲！"杜培武说得不错，如果真凶没有被发现，他将永远被定在耻辱柱上，背上杀人犯的罪名。然而，在现行的法治状况下，从某种意义上讲，杜培武似乎应当感谢真正的凶手杨某某等人，没有他们的落网与供认，杜培武的冤情真不知道要到何时才能洗刷。一方面，是杨某某的凶残致使杜培武饱受丧妻之痛和刑讯之苦；另一方面，又是杨某某的落网使得杜培武有幸沉冤得雪。这真是一个充满悲剧色彩、荒谬无比而又极为真实的故事。

二　杜培武等案中的刑讯逼供

（一）杜培武："精神肉体双重崩溃，只求速死"

2001 年 8 月 3 日，在杜培武洗清冤情后，两名办案人员原昆明市公安局刑侦支队副支队长宁兴华、刑侦支队政委秦伯联因刑讯逼供罪，分别被判处 1 年零 6 个月、缓刑 2 年和判处有期徒刑 1 年、缓刑 1 年。

检方指控，二人采用的刑逼手段包括：不准睡觉连续审讯；拳打脚踢或者指使、纵容办案人员对杜培武滥施拳脚；用手铐把杜培武吊挂在防盗门上，反复抽垫凳子或拉拽拴在杜培武脚上的绳子，致使其双脚悬空、全身重量落在被铐的双手上……杜培武难以忍受，喊叫时被用毛巾堵住嘴巴，还被罚跪、遭电警棍击打，直至屈打成招，承认了"杀人"的犯罪"事实"，指认了"作案现场"。

杜培武的伤病主要是两次集中审讯造成的。一次历时 11 天，从 1998 年 4 月 22 日下午持续到 5 月 2 日；另一次历时 20 天，从 6 月 30 日晚上一直到 7 月 19 日。“不让睡觉，最长的一次休息睡了四个小时，最后困到坐着都可以睡着。”到后来，罚跪成了最轻的惩罚，对杜培武来说简直就成了一种休息。在刑侦队审讯期间，杜培武被办案人员用皮鞋踩头，一直踩到吐血。后来转进看守所，胸口的血块已经淤结，一直吐了两个月。在难以忍受的折磨之下，杜培武只好违心地承认作案，“光承认作案还不行，交代的细节还必须与现场证据吻合，我没有作案，只好胡编，稍有不对，就免不了挨整。”“我是学刑侦的，应该说具有反侦查经验，都被整招了，你说整到了什么程度？”杜培武说，“不要再提这些了。”可以说，在公诉方出示的全部证据中，唯一能够把杜培武与犯罪现场的物证联系起来的“证据”，只有杜培武的有罪供述。现在可以肯定的是，这些有罪供述，全都是严酷刑讯逼供的结果。

类似杜培武这样的错案在云南不止一起。就在“杜培武案”发生的两个月前，1998 年 2 月，云南省高级人民法院刚纠正了富源县的一起错案，案件基本情况也是 4 个无辜者被抓，“打成”罪犯，首犯被判死刑，其他 3 人判有期徒刑，一年之后公安部门抓到真凶，才改判无罪。

（二）赵作海：他们还在我头上放鞭炮

在河南赵作海冤案中，刑讯逼供也十分严重。

赵作海，河南省商丘市柘城县老王集乡赵楼村村民。1998 年 2 月 15 日，同村村民赵振晌的侄子赵作亮到公安机关报案，称其叔父赵振晌已失踪 4 个多月，怀疑被同村的赵作海杀害，公安机关进行了相关调查，无果。1999 年 5 月 8 日，赵楼村在挖井时发现一具高度腐烂的无头、膝关节以下缺失的无名尸体，公安机关遂把赵作海作为重大嫌疑人于 5 月 9 日刑拘。拘留后的 30 多天里，在警察的刑讯逼供下，赵作海前后共做了 9 次有罪供述。12 月 5 日商丘中院作出一审判决，以故意杀人罪判处被告人赵作海死刑，缓期二年执行，剥夺政治权利终身。省法院经复核，于 2003 年 2 月 13 日作出裁定，核准商丘中院上述判决。

当时光转至 2010 年，在入狱了 11 个春秋之后，与杜培武一样，赵作海“幸运地”洗刷了自己的冤情。这一年的 4 月 30 日，“被害人”赵振晌突然在赵楼村现身。经调查，1997 年 10 月 30 日夜，赵振晌携自家菜刀在杜某某家中向赵作海头上砍了一下，怕赵作海报复，也怕把赵作海砍死，就于10月31日凌晨，携带400元钱和被子、身份证等骑自行车外出，随后以捡废品为生。13年后因患偏瘫无钱医治，才回到村里。至此，赵作海杀人案的真相才大白于天下。当审判长宣布赵作海无罪释放时，赵作海失声痛哭。

（三）王希连：啼笑皆非的香烟插鼻狂熏法

在一系列冤案中，刑讯逼供的方法也在不断地“推陈出新”、花样翻新。据中国新闻网的一则报道，安徽定远公安人员刑讯逼供，用香烟插鼻狂熏犯罪嫌疑人，致使一名叫王希连的六旬老人惨死。王希连死亡后，滁州市和定远县检察机关迅速介入调查，发现了种种刑讯逼供的迹象。首先，施夕宏等人违反器械使用规定，把王希连双手反铐在椅背上，持续超过24小时；其次，法律规定公安机关拘传嫌疑人不得超过12个小时，若超时就应变更强制措施，但施夕宏等人一直到一天后的凌晨才把拘传变更为刑事拘留，超时10多个小时；其三，公安机关刑拘嫌疑人后，应立即送往看守所，但施夕宏等人刑拘嫌疑人后，仍把其留在刑警大队。专案组查明，施夕宏、汪磊把王希连拘传至定远县公安局刑警大队审讯室，反铐在审讯椅上审讯。不久，刑警大队副大队长王贵兵又调来穆晓涛、侯金刚等人协审。因王希连不承认参与抢劫，为尽快获取口供，次日上午9时许，施夕宏等人把点燃的香烟插入王希连鼻孔烟熏，整个过程用掉了约90根香烟，时间长达数个小时。其他刑讯手段还有打耳光，揪耳朵，敲脑门……当晚，不堪折磨的王希连表示愿意交代，承认在村民沙美仙抢劫时帮忙“望风”。王贵兵等人认为王希连交代还不彻底，又是一阵暴打，直到王希连承认和沙美仙一起进屋抢劫为止。随后，汪磊等人给王希连做了笔录，并录制了视听资料。但王希连在刑警大队喝稀饭时，突然感到身体不适，后昏迷不醒，被紧急送往医院后不治身亡。尽管王希连老人是否触犯了刑律我们尚不得而知，但是毋庸置疑的是，这种残忍、不人道的刑讯方法辱没了人类的文明，击碎了我们对于生命以及自由的一切梦想。即便此案中的王希连不是被冤枉的，但是只要有刑讯逼供存在，那么在其他那些尽管时间并不确定、但终将到来的案件中，杜培武、赵作海似的冤案终究是不可避免的。

三　刑讯逼供为什么屡禁不止？

（一）司法机关独立地位远未确立

我国现有的法院系统，并非如宪法第126条所规定的那样享有独立行使审判权的宪法权力。宪法第126条规定：“人民法院依照法律规定独立行使审判权，不受行政机关、社会团体和个人的干涉。”在现实中，法院在财力、人事等方面无法做到独立自主，而是受制于地方政府——“拿人的手软，吃人的嘴短”，更何况法官的任命等直接取决于地方政府的态度，因而就无法在一系列触及地方利益的重大案件中保持客观中立的立场，做到“只服从法律”。在刑讯逼供这个问题上也是一样的道理。由于各地公安机关是地方政府的组成部分，因此，在少数案件中，不得不对公安机关的取证行为睁一只眼闭一只眼。这也就是杜培武在法庭上高举血衣大喊冤枉，但刑讯取来的口供仍然不能被法院排除的很重要的一个原因。

各地存在的政法委书记兼任公安局局长的现象是司法不独立的一个明显体现。实践中通常的做法是一旦遇到大案要案，由政法委出面协调公检法司四家联合办案。在这种情况下，对于公安机关的暴力取证行为，法院自然是听之任之，甚至会沦为掩盖或粉饰公安机关刑讯逼供行为的帮凶。可以看出，政法委的这种协调和联合办案过分强调公检法三机关之间的配合，破坏了他们相互之间的制约关系，使得法院无法有效地制约公安机关权力的滥用，由此，实践当中刑讯逼供现象屡禁不止也就不足为奇。

在近些年一系列冤案当中，我们都可以清晰地看到当地政法委所起到的巨大作用。在赵作海冤案的形成过程中，政法委自然无法免责。在刑讯逼供之下，赵作海先后做出了9份有罪供词，然而由于当地政法委的领导和协调，一系列重大疑点没有得到合理排除，法院也并未对刑讯逼供问题作出任何实质性回应。在这种情况下，赵作海被以故意杀人罪判处死刑，缓期二年执行，剥夺政治权利终身。

在杜培武一案中，当地政法委的影响也是清晰可见。从发现杜培武错案线索伊始，云南省委政法委就数次召开专题会议，领导指挥纠正杜培武错案工作。2000年7月7日上午，云南省委政法委书记秦光荣主持召开会议，听取了昆明市委政法委、昆明市公安局关于侦破杨天勇特大杀人劫车团伙案和从中发现及纠正“杜培武案”的工作汇报，传达了省委书记令狐安、省长李嘉廷、省委副书记孙淦等领导的重要批示精神。会议提出6条意见，要求对“杜培武案”要尽快纠正，以体现法律的严肃性和公正性。8月22日下午，云南省委政法委召开了又一次专题会议，研究落实错案追究责任制、追究杜培武错案有关责任人的工作。会议提出，杜案的教训是深刻的，虽然公安机关发现问题后主动提出纠正意见，但错案终究是错案。同时，省、市公检法机关都要对错办、错诉、错判等问题进行总结，提出具体整改措施，让广大干警引以为鉴，吸取教训。8月31日下午，秦光荣再次主持召开专题会议，听取省、市检察院法纪部门对杜案调查情况的汇报，并提出了6条意见。

真是败也萧何，成也萧何。但是，若无破坏权力制衡的行为在前，何用后来的冤案纠正！政法委的存在以及现状，的确应该引起我们的反思。

（二）“毒树之果”理论亟待落实

所谓“毒树之果”，是美国刑事诉讼中的一个形象化的概括，意指根据以刑讯逼供等非法手段所获得的犯罪嫌疑人、刑事被告人的口供，并据此获得的第二手证据（派生性证据），即以非法手段所获得的口供是毒树，而以此所获得的第二手证据是毒树之果。

“毒树之果”原则意在排除非法证据，这对遏制办案人员刑讯逼供、保护刑事被告人的基本权利有着重要作用。此规则创立于美国20世纪20年代西尔弗索恩木材公司诉合众国案中，著名的霍姆斯大法官提出“禁止以不当方式取证的实质并非仅仅意味着非法获取的证据不应当被法院采用，而是完全不得被使用。”此判例对警方办案和公众对判决的接受形成了挑战。20世纪60年代，随着民权运动的兴起，美国联邦最高法院以微弱优势正式确立了“毒树之果”规则，即“美国联邦政府机构违反美国宪法规定所取得的证据材料，在审判中不具有证明力”。

这一规则及其所蕴含的人权意识和法治精神在我国的立法中也有所体现。我国《宪法》第37条规定，中华人民共和国公民的人身自由不受侵犯。任何公民，非经人民检察院批准或者决定或者人民法院决定，并由公安机关执行，不受逮捕。禁止非法拘禁和以其他方法非法剥夺或者限制公民的人身自由，禁止非法搜查公民的身体。第38条规定，中华人民共和国公民的人格尊严不受侵犯。禁止用任何方法对公民进行侮辱、诽谤和诬告陷害。我国

《刑事诉讼法》第 43 条规定，严禁刑讯逼供和以威胁、引诱、欺骗或其他方法收集证据。第 46 条规定，只有被告人供述，没有其他证据的，不能认定被告人有罪和处以刑罚。此外,《最高人民法院关于执行〈中华人民共和国刑事诉讼法〉若干问题的解释》第 61 条,《人民检察院刑事诉讼规则》第 140 条、第 160 条、第 265 条,《公安机关办理刑事案件程序规定》第 51 条都规定了我国的非法证据排除规则。与刑事诉讼法相适应，我国《刑法》第 247 条规定了刑讯逼供罪与暴力取证罪。2011 年，基于赵作海冤案的巨大影响,《关于办理刑事案件排除非法证据若干问题的规定》紧急出台，其第 1 条明确界定了非法言辞证据的概念，规定凡采用刑讯逼供等非法手段取得的犯罪嫌疑人、被告人供述和采用暴力、威胁等非法手段取得的证人证言、被害人陈述，都属于非法言词证据；紧接着第 2 条又规定，经依法确认的非法言词证据，应当予以排除，不能作为定案的根据。这些规定在一定程度上确立了中国特色的非法证据排除规则。

根据上述规定，对于刑讯逼供取来的口供应当在排除之列，法院在审判的时候不能将此类证据作为定案的根据。但是实践中为什么鲜有排除的例子呢？“毒树”以及“毒树之果”为什么不为法庭所拒绝？为什么多数的法院及其法官会纵容侦查人员的非法取证行为呢？除了从我国现行的司法体制上追根溯源，寻找问题的答案之外，我们还应该从现有的制度上寻找原因。大体来讲，至少有以下几点值得注意。

一是排除的非法证据外延过窄。长期以来，刑事司法所确立的只是言辞证据在收集程序和收集方法不合法情形下的排除，并未涉及非法实物证据的排除情形。同时,“毒树之果”——由非法获取的言辞证据派生出来的其他证据，也未明确规定在排除之列。尽管 2011 年新出台的《关于办理刑事案件排除非法证据若干问题的规定》对此类问题有所触及，但长期以来形成的巨大惯性能否在短期内得到遏制乃至纠正，还是很难得知的事情。有学者指出，非法证据是否应该予以排除不应根据证据的类别而有区别，而应视非法取证的性质和程度而定。那些通过侵犯公民基本权利的手段获取的证据，即便其为实物也同样应当排除；相反，如果没有侵犯相关人的基本权利，即便是言辞证据，也可以不在排除之列。的确很有道理。

二是对究竟什么是“暴力、威胁、引诱、欺骗”等未作出严格而明确的界定，这直接导致对“非法”的认定随意化、模糊化，最终导致非法证据排除规则在实践中的虚置和异化。

三是我国刑诉法对于因秘密侦查手段获得的证据材料的证据资格问题没有明确规定。虽然《刑事诉讼法》第 116 条规定，对扣押电报、邮件的侦查行为要求经公安机关或检察院批准，但对扣押电报、邮件以外的其他秘密侦查手段并未规定。司法实践表明，对于毒品犯罪，大多数是采取“诱惑侦查”手段侦破的，由于法无此类证据的评价标准，更鉴于此类犯罪的严重危害性，诱惑侦查手段所获证据一般都被采用。假若诱惑侦查所获证据符合国际一般规定的“诱发助长犯罪”的判断标准，这种证据对于被诉人来说无疑是极为不公平的。

四是非法证据排除制度与其他诉讼制度不相配套，存在大量矛盾和冲突。到目前为止，我国还远没有形成逻辑自洽、结构协调的非法证据排除规则体系。刑事司法各分支中关于非法证据排除规则的规定其步调并不十分一致，这就使非法证据排除规则在实践办案中难以获得连贯性，导致非法证据标准在诉讼不同阶段的把握上严重失衡。主要表现在两方面：一方面刑诉法的规定自相矛盾，如该法第 43 条规定严禁用非法手段收集证据，而第 93 条又规定被诉人有“应该如实回答”的义务；另一方面，1998 年公安部发布的《公安机关办理刑事案件程序规定》中就没有确定非法言词证据的排除规则，这与检法两家排除规则的确立是不相协调的。

通过以上分析不难看出，我国的非法证据排除规则是很不完善的，这反映了立法和刑事执法机关在惩治犯罪与保障人权，在追求实体真实与维护程序正义这两种不同的价值追求中所面临的两难选择。

（三）无罪推定原则亟待贯彻

无罪推定是指任何人，在法院没有以确实、充分的证据证明其有罪以前，不得认为其有罪或者推定其无罪。因此，无罪推定所强调的是对被告人所指控的罪行，必须要有充分、确凿、有效的证据。如果审判中不能证明其有罪，就应推定其无罪。其核心意义在于保护被告人的合法权益，因此无罪推定原则又称有利被告的原则。这一原则主要强调三层意思：（1）对任何人有罪决定的宣告，只能由法院决定，其他任何机关和组织都无权决定；（2）强调证据裁判主义精神，法院应当用证据证明被告人有罪，不能推定或假设；（3）在判决生效之前，被告人是无罪的，不能因为其被逮捕、被起诉、被审判而认为其有罪。

由于这一产生于18世纪资产阶级革命时期的原则对于保障被告人的诉讼权利、诉讼地位发挥了巨大的作用，因此已经成为世界各国普遍承认的刑事诉讼原则。1996年，我国修订后的刑事诉讼法也吸收了无罪推定的基本思想，确立了疑罪从无的处理原则，从而结束了我国长期以来实行“有罪推定”的历史。1996年《刑事诉讼法》增加了这样一个条款:“未经人民法院依法判决，对任何人都不得确定有罪。”同时还规定:“证据不足，不能认定被告人有罪的，应当作出证据不足、指控的犯罪不能成立的无罪判决”，这就基本上明确了无罪推定的原则。尽管1996年刑诉法是用否定句的方式来表述无罪推定的思想，与采用肯定句的表述方式相比尚有一定距离，然而，这一立法变动仍然称得上是我国刑事诉讼制度划时代的进步。

值得注意的是，从目前的司法实践来看，无罪推定原则在制度上的吸收并未有效地替代或遏制有罪推定的传统。其最明显的例子就是刑讯逼供、疑罪从轻等现象以及这些现象背后所折射出来的根深蒂固的有罪推定的思维。如果法律假定一个人是无罪的，那么警察还有什么理由对其进行刑讯逼供?如果没有充分、确实的证据能够证明犯罪嫌疑人有罪，那么司法人员还有什么理由不遵循疑罪从无的原则而进行留有余地的疑罪从轻判决？这种建立在“宁可冤枉一千，也绝不放过一个”观念指导下的“有罪推定”，无疑是一种野蛮的司法原则。

在杜培武一案中，有罪推定的思想体现的尤为明显。除了对杜培武进行惨无人道的刑讯逼供之外，司法机关颠倒举证责任也是进行有罪推定的主要表现之一。在“杜培武案”中，一审法官几次在法庭上叫道:“(请)被告人杜培武出示没有杀人的证据”，并在判决书中把控方依法应当承担的证明被告人有罪的举证责任强加给被告人的律师，要求其承担证明被告人无罪的责任，并公然在判决书中认定:“辩护人未能向法庭提供证实其观点的证据，也未能提供证实被告人无罪的证据。”这种对举证责任的颠倒无疑是司法机关有罪推定思想作祟的结果。

出狱以来，杜培武依然想做一名警察。他尤为深刻地感受到，对于一名警察来说，对法律和人的基本权利予以尊重是何等的重要。杜培武个人对无罪推定有很深的感触。他于1988年从警，在出事之前，曾做过多年警察。他坦言，情急之下，也曾对嫌疑人动过粗。这次从警察“沦为犯罪”的经历，让他学会了换位思考，经常反思过去的工作方式。现在的杜培武在市公安局治安支队工作，管理特种行业，专查黄、赌、毒等。每次调查讯问工作对象时，他都会客客气气，还告诉他们“与本案无关的问题可以拒绝回答”“从前办案我都是假设他们是有问题的，现在我对他们没有先入之见”“最关键的是要把所有人都当人看，犯罪嫌疑人是人，罪犯也是人，人人享有人权，有了这个基本的出发点，我们办的冤假错案会少许多。”

由此可见，要真正地推进社会文明的进步和人权的保障，在司法实践中尽快确立无罪推定原则毋庸置疑是十分必要的。而要有效实现这一点，就必须有一系列配套制度的建设，沉默权制度就是其一。

（四）沉默权制度亟待确立

被追诉人沉默权的赋予，是保证无罪推定原则有效实现的基础性条件。在实践中，由于司法机关在很大程度上还依赖着口供定案，因而刑讯逼供的频繁发生就不足为怪了。一旦被追诉人面对警察的讯问时有权保持沉默，能够不被强迫做不利于自己的证言，那么，无罪推定原则就在极大程度上被确立了起来。如果一个人在政府的高压之下被迫招供自己的罪行，那怎么能认为法律假定他是无罪的呢？反过来说，如果法律假定一个人无罪，那么在国家的暴力机器面前他就有权保持沉默，无须证明自己有罪。除非审判机关根据确凿的证据推翻了无罪的假定，否则，被追诉人无须承担任何罪名与刑罚。

我国没有在刑诉法中确立沉默权制度。恰恰相反，我国刑诉法明文规定，“犯罪嫌疑人对侦查人员的提问，应当如实回答。”一旦自证其罪成为义务，现有的非法证据排除规则就会在一定程度上失去根基，同时，其也必然成为非法证据排除难以逾越的障碍。

我们常在香港的电影或者电视剧里看到这样的情形，警察在抓捕一个犯罪嫌疑人的时候通常会说：“你有权保持沉默，但你所说的每一句，都将作为呈堂证供。”正是这样的一种沉默的权利使得犯罪嫌疑人和被告人的人权得以保障，使得无罪推定原则在诉讼程序中得以真正体现。所以，从这个意义上说，什么时候我国的犯罪嫌疑人、被告人在警察的强势讯问下真正有权保持沉默了，什么时候才会有真正的无罪推定，类似杜培武这样的冤案也才会从很大程度上得以避免。

以上我们只是从司法体制以及原则、制度等层面对刑讯逼供屡禁不止的原因予以了分析。事实上，导致刑讯逼供现象屡禁不止的原因还有很多，比如传统诉讼文化的影响、侦讯科技的不够发达以及司法人员业务素质的亟待提高等都构成了决定这一问题的重要变量，因此，只有采取一种系统论的方法来全面深入地剖析这一问题，我们才可能最终找到打开诉讼文明大门的金钥匙。

弑医的“逻辑”

——从“温岭杀医案”探医患矛盾

李　瑛*

凡大医治病，必当安神定志，无欲无求，先发大慈恻隐之心，誓愿普救含灵之苦。若有疾厄来求救者，不得问其贵贱贫富，长幼妍媸，怨亲善友，华夷智愚，普同一等，皆如至亲之想。

——孙思邈 ①

2013年10月25日，温岭市第一人民医院发生一起患者刺伤医生案件，3名医生在门诊为病人看病时被一名男子捅伤，其中耳鼻咽喉科主任医师王云杰因抢救无效死亡。在2014年的刑事案件中，“浙江温岭杀医案”无疑是一起令人心情最为沉重的案件。因为这是一起发生在遭受疾病折磨寻求解除病痛的病人与以救死扶伤为天职的医生、护士之间的人间悲剧！

事件发生在浙江省温岭市第一人民医院，犯罪嫌疑人连某某，温岭市箬横镇浦岙人，33岁（2013年），于2012年3月20日到温岭市第一人民医院进行鼻内镜下鼻腔微创手术，手术前的CT是由第一人民医院耳鼻咽喉科主任医师王云杰拍摄，主刀医生为该院耳鼻咽喉科副主任医师蔡某，手术成功。但连某某在术后时常感到鼻子通气不

---

* 李瑛，中国社会科学院研究生院博士研究生。

① 孙思邈:《千金方》，四川大学出版社2014年版，第14页。

畅，2012年12月28日，连某某第一次到温岭市第一人民医院医务部投诉，此后又陆续投诉多次，40次寻找主治医生，要求治好他的病。2013年5月14日，温岭市第一人民医院邀请浙江大学邵逸夫医院五官科副主任医师汤某为连某某会诊，其间出具的种种医学数据均显示手术成功，没有再做手术的必要，连某某不认可，又前往台州市中心医院、浙医一院就诊，两次诊断结果都表明不需要再动手术。2013年8月连某某到复旦大学附属眼耳鼻喉科医院就诊七次，但诊断结果均为慢性鼻窦炎，鼻窦CT检查结果也未见异常，连某某不能接受，他认为这是医院联合起来CT造假，是医生串通好要谋害他。2013年10月17日，连某某到温岭市卫生局反映情况。“从事实来看，这连医疗事故都算不上。”据接待投诉的工作人员回忆，连某某自己也承认，多家医院的复诊结论都说手术没问题，但他坚持认为，是多家医院串通一气在骗他。2013年10月25日上午8时许，手持榔头、尖刀的连某某直奔五楼蔡某所在门诊室，里面的5名病人发现后，死死抵住办公室门。连某某用榔头敲碎门上玻璃窗，随后进入另一间开着门的门诊室，坐诊的是47岁的主任医师王云杰。连某某用匕首向王云杰行凶，王云杰胸口流着血跑出门诊室，逃向口腔科病室。59岁的主治医师王某某听到对面门诊室的吵闹声，随即起身察看，正好看到王云杰跑出门诊室，而连某某紧追其后。口腔科医生和病人不少，但都来不及反应。连某某一把扭住王云杰，刀口直刺其心脏。王云杰上前夺刀，右上胸也被捅了一刀。王云杰用手捂住伤口在后追赶。连某某跑进放射科，将副主任医师江某某捅成重伤，最终被赶来的医院保安制服。主任医师王云杰经抢救无效去世，年仅47岁；副主任医师江某某心包刺伤加膈肌穿透，被捅成重伤；主治医师王某某右上胸皮肤被刺伤，为3人中伤势最轻者。2014年1月27日，台州市中级人民法院一审判处被告人连某某死刑，剥夺政治权利终身。2014年4月1日下午，浙江省高级人民法院对温岭杀医案进行二审公开宣判，驳回被告人连某某的上诉，维持台州市中级人民法院对被告人连某某的死刑判决，并依法报请最高人民法院核准。2015年5月25日，浙江温岭杀医案凶犯连某某被执行死刑。①

近几年，医疗纠纷呈逐年上升的趋势，因医疗纠纷打砸医院、打伤医务人员的恶性事件时有发生，由此还衍生出“医闹”等现象，医疗纠纷已经严重影响到医疗卫生事业的健康发展，影响了社会稳定、和谐。那么，这些“医闹”事件为什么会发生，背后有着怎样的“逻辑”？让我们通过温岭杀医案来一探究竟。

一　花了钱就应该治好病？

温岭杀医案发生后，央视《面对面》栏目曾独家专访温岭杀医案被告连某某的“杀医逻辑”，连某某对央视记者说：“我的手术前的CT是由王云杰拍的，那我手术后我是蔡朝阳医生给我做的，差不多九个多月时间了，我效果不好。首先我找蔡朝阳，他当时就不承认手术失败，他就说了种种，我跟他说了差不多一个半小时，他就是不承认。那第二天我没办法了，那是一个星期五上午吧，我又找回王云杰，结果呢，王云杰就说手术没有弄错，就出这个结果，那我也没办法，自作孽不可活，他咎由自取！”② 花了钱就应该治好病！治不好就是手术失败，医院就要承担后果，这是大多数“医闹”患者的逻辑。到底医生在医疗服务中应当承担怎样的责任和应尽怎样的义务，“医闹”患者的这种逻辑是否可以得到现实规律的回应，让我们用法律来进行分析。

（一）什么是医疗服务合同法律关系？

医疗服务合同法律关系是指医务人员受患者的委托或其他原因，对患者实施诊断、治疗等行为所形成的法律关系。医疗服务合同的主要义务是医疗机构提供规范、合法、合约的医疗服务，患者配合治疗并支付相关医疗费用。在法律上，医疗服务合同属于过程合同，而非结果合同，因此并不要求达到患者所要求的某种效果，如治愈、必须生存等，只要医疗服务规范、合法、以合同约定的方式履行即可，日本《医师法》第19条，《齿科医师法》第19条以及我国台湾地区的医师法都有相应的规定。同时根据我国《合同

---

① 关于本案案情，参见“10·25温岭袭医事件”，http://baike.baidu.com/link?url=eF9SIFu1LSXoI8lGcNOf-iVKxJb4uwAygSfC1PqLvy7NzDlAPJukYPwFmDpz4SsWHK0hn7f-w55gjymNYaD9Ca，2016年10月26日。

② 《浙江温岭杀医凶犯：医生自作孽不可活》，http://news.qq.com/a/20140407/000525.htm，2016年8月20日。

法》第91条的规定，已经按照约定履行完毕的合同权利义务终止。

因此，只要医疗机构证明自己的医疗行为已经事实完毕，且患者此时符合临床医学上的出院标准即可终止提供医疗服务、要求患者出院。对于如何认定患者是否符合出院标准，法官可依照患者实际病情、医院的诊断证明、会诊记录或者法医鉴定意见，对其是否符合出院标准进行认定。

在现实生活中，患者常常以“没治好”为由，认为医院没有履行医疗服务合同义务而强占医院要求免费治疗。这种理由站得住脚吗？由于人体的复杂性和医学的局限性，就一般医疗服务合同而言，医方的诊疗义务不是保证治愈的“结果债务”，而是依当时的医疗水准，按照医疗卫生法律法规和诊疗规范为一定诊疗行为的“手段债务”——做出了规范的诊疗行为——医方履行合同债务，患方债权得以实现。因此，以“没治好”这种结果作为抢占医院要求免费治疗的理由也是不成立的。

本案中，浙江省温岭市第一人民医院多次组织医生为连某某会诊，其间显示的数据均认定手术成功，不需要再做手术，医院已经履行了医疗服务合同，尽到法律规范内的义务，至于连某某一直认为病情没有治愈，再三要求医院为其治愈，不具有合法依据，也非医院在能力范围内所能达到的结果。

（二）“逻辑”的修复

医学不是万能的，医生不是上帝。首先，医学不是万能的，它是一门实证的科学，是既有成功又有失败的，很多情况下，一个病因会有多种症状，一个症状也可能会有多由病因激发，医学还有很多未知领域，将治愈的要求完全强加在医生身上，这是不现实也是不可能实现的。没有一个医生是不希望治愈病人的，但是主观期望是要受到客观条件限制的，这不是人力可以改变的，这个时候就需要患者的宽容，来理解这种无能为力。其次，要认识到医生只是整个医疗体制内的一分子、一部分，医生也是普通百姓，也有父母孩子，不要把医生过度“妖魔化”，也不要把医疗体制中的问题都归责到医生身上，让他们承受不该承受的一切。如果医生丧失了继续从业的信心，那么面临灾难的将会是患者自己。

二　病历瑕疵就是医疗事故？

在采访中，温岭杀医案的主审法官，浙江省高级人民法院法官梁健对连某某的心态有着深入的分析，他说："连某某认为医院现在黑幕重重，医院到底在这个案子中间有哪些黑幕呢？连某某说医院一个 CT 造假；另外一个姓名，他看病的姓名，连某某有的是有三点水的，病历上打出来，有的是显示没三点水的，年龄有的是 33 岁，病例卡上有的是 80 岁，不一样的，他对这个意见也很大。"深切的怀疑驱使连某某在每一次诊疗报告中寻找着医院的漏洞，而每一个漏洞也加深着他的怀疑，驱使着他在不断就医的过程中经受着一次又一次的失望。① 在法庭之上，连某某仍然坚称自己是在用生命换取医院黑幕的真相。那么我国法律对瑕疵病历的真实性司法认定如何界定？瑕疵病历和医疗事故的关系又是怎样？医院对瑕疵病历是否就一定要承担赔偿责任？让我们根据法律来详细分析。

（一）瑕疵病历并不代表就是不真实的

病历的真实性认定对查明案件事实、进行医学鉴定、举证责任分配和案件处理结果都产生直接影响。那么由谁来判断瑕疵病历是否真实？根据《医疗事故技术鉴定暂行办法》的规定，禁止鉴定机构鉴定病历的真实性，患方主张病历不真实时，依据《司法鉴定程序通则》规定，鉴定机构将终止鉴定，鉴定机构并不承担病历真实性的认定责任。在司法实践中，鉴定机构对于文书鉴定、临床鉴定和病理鉴定范畴外的异议均无法受理，对于超出鉴定机构鉴定范围的真实性异议，法院应当对其进行判断。根据《民事诉讼法》的规定，人民法院应当按照法定程序，全面地、客观地审查核实证据。证据的真实性、合法性、关联性认定属于法院对证据属性认证的法定职责。针对患者提出的病历瑕疵的异议，人民法院可以根据是否与案件争议事实有关联、是否对全卷病历的真实性有直接影响等考虑，区分为形式性瑕疵和实质性瑕疵。

常见的形式性瑕疵有病案号、姓名、身份证号的记录错误，医生未签名、仅有实习医生签字而主治医师未签字确认、住院科别记载错误等瑕疵，对于形式性的病历瑕疵，发生原因一般是医院内部对病历书写的管理存在疏漏，应当要求对上述存疑病历进行单独双方质证，由医方对上述瑕疵作出合理解释。如果能够作出合理解释，且法院认定该瑕疵与案件的实体争议并无

① 参见《浙江温岭杀医凶犯：医生自作孽不可活》，http://news.qq.com/a/20140407/000525.htm，2016 年 8 月 20 日。

直接影响，可以认定相关病历的真实性；若经医方作出解释后，法院认为解释不合理不成立，仍然对相关病历的真实性存疑，则应当在认定时排除相关存疑病历，但不影响其他没有瑕疵的病历的真实性。常见的实质性瑕疵如手术同意书上的患者或家属签字的真伪、病情诊断的结论修改、治疗方案或用药记录的存疑等，因为上述病历瑕疵的真伪直接关系到医院是否存在过错，如是否履行告知义务、是否存在误诊误治、是否用药不当或错误用药等关键性问题。此时，人民法院必须要结合全院证据材料对病历的真实性进行明确的认定。

（二）瑕疵病历并不一定需要承担赔偿责任

根据《中华人民共和国侵权责任法》第54条规定，医疗机构承担赔偿责任需要具备“四要件”，即主观过错、违法行为、损害结果与因果关系。第58条规定的“患者有损害，因下列情形之一的，推定医院机构有过错：（一）违反法律、行政法规、规章以及其他有关诊疗规范的规定；（二）隐匿或者拒绝提供与纠纷有关的病历资料；（三）伪造、篡改或者销毁病历资料”，所采用的是过错推定原则。

上述条款设立的本身就是为了平衡医患双方的利益，考虑到实践中患者证明医务人员存在过错比较困难的情况，因此，只要患方能够根据所推定的过错与自身的损害结果之间提供合理化怀疑，便应当由医疗机构对其诊疗行为与损害结果之间不存在因果关系及不存在医疗过错承担举证责任。因医疗机构的原因不能提供病历，或病历真实性存在质疑、病历不符合证据形式等，导致无法证明诊疗行为与损害结果之间不存在因果关系及不存在医疗过错的，医疗机构要承担举证不能的法律后果。

病历瑕疵的行为定性上，应属于第58条第（一）项规定的违规行为，而不属于第（二）、（三）项中的隐匿、伪造、篡改等行为。行为虽违规，但是否需要承担责任，还必须去衡量该行为与患者损害后果之间是否构成因果关系。

（三）“逻辑”的修复

对于患者来讲，医患双方的失衡导致了这种合理怀疑的产生。这种失衡体现在两个方面，一方面，病历材料占有不平衡。按照医疗事故处理条例的规定，住院病历一般由院方单独持有，门急诊病历则按照医疗机构是否建立档案，分别由院方或患方单独持有。以住院病历为例，患方有权复印客观病历，主观病历则处于对医学治疗手段和经验的保护，不向患者提供。医院只将主观病历提供给法院，证据交换时患方才能取得全部病例副本，这些原因都让患者对病历的真实性产生不信任。

另一方面，医学知识上的不平等。医疗行为具有专业性，患者通常不具备医疗专业知识，对病历书写、病历内容和医学知识等方面缺乏了解。在现实中随着患者病情的发展、医生的治疗过程以及现存病历管理制度疏漏等原因造成病历确实存在被修改的情况。正因为患者医学知识上的局限性，导致患方易因为病历瑕疵对病历真实性产生合理怀疑。

因此，清晰地认识到现实中瑕疵病历产生的原因，就变得尤为重要。在实践中，不符合《病历书写基本规范》的病历，违反医院管理制度的病历书写等现象比较普遍。由于医疗行为的专业性和特殊性，病历记录需要随着患者病情变化而更改。同时，现行的医院管理做法存在疏漏，如实习医生代签签名、未按书写规范进行违规修改等情况普遍存在。病历本身属于诊疗过程与结果的专业性记录，无法绝对地还原医疗过程。病历的特殊性，导致病历瑕疵问题难以杜绝，并不完美的病历成为现实中病历失真的难题，但是瑕疵病历并不代表病历就一定是不真实的，患者也不应当片面地据此产生对医院的不信任和对医生的敌对情绪。

本案中，让连某某愈发加深的疑问到底存不存在，庭审认为温岭市第一人民医院在处理连某某投诉，及后续处理过程中的确存在一定的瑕疵，存在进一步加深其误解的情形。但该种瑕疵并非在案的被害人所造成，被害人在本案起因上没有过错。①

三　医疗事故应当由医生来承担责任？

本案中，患者认为医生对其的治疗属于医疗事故，那么，我国法律是如何认定医疗事故中的民事、刑事、行政责任？医疗事故应当由谁来承担责任？患者遭遇医疗事故应当如何通过合法的手段维护自己的权益呢？

（一）什么是医疗事故？

医疗事故是指医疗机构及其医务人员在医疗活动中，违反医疗卫生管理

---

① 参见《浙江温岭杀医凶犯：医生自作孽不可活》，http://news.qq.com/a/20140407/000525.htm，2016年8月20日。

法律、行政法规、部门规章和诊疗护理规范、常规，过失造成患者人身损害的事故。医疗事故的构成要件包括：1. 医疗事故的主体是合法的医疗机构及其医务人员；2. 医疗机构及其医务人员违反了医疗卫生管理法律、法规和诊疗护理规范、常规；3. 医疗事故的直接行为人在诊疗护理中存在主观过失；4. 患者存在人身损害后果；5. 医疗行为与损害后果之间存在因果关系。其中，下列六种情况不属于医疗事故：在紧急情况下为抢救危重患者生命而采取的紧急医学措施造成了不良后果的；在医疗活动中由于患者病情异常或患者体质特殊而发生医疗意外的；在现有医学科学条件下，发生无法预料或者不能防范的不良后果的；无过错输血感染造成不良后果的；因患者原因延误诊疗导致不良后果的；因不可抗力造成不良后果的。确定是否为医疗事故目前需要医疗事故鉴定委员会鉴定才能认定。

（二）医疗事故中的民事、行政、刑事责任界定

医疗过错因其属于职务行为，医疗机构承担民事替代责任，但可通过内部管理机制对医务人员实施奖惩，一定程度分担部分责任；构成医疗事故的，医疗机构除承担民事责任外，需负担部分行政责任；如果该医疗事故构成刑事犯罪，按照刑法规定，该罪主体仅为医务人员个人，即刑事附带民事诉讼的被告人医务人员成为了民事责任的承担主体，而原本应由医疗机构承担的替代责任转嫁到个人之上。那么，什么是医疗事故罪？我国《刑法》第335条规定，医务人员由于严重不负责任，造成就诊人死亡或者严重损害就诊人身体健康的，处三年以下有期徒刑或者拘役。单从该法条来看，本罪的主体是取得执业许可的医务人员；客观要件要求具备：严重不负责任，造成就诊人员司法或者严重损害就诊人身体健康。如何才算“严重不负责任，造成就诊人死亡或者严重损害就诊人身体健康”？2008年6月25日，最高人民检察院、公安部发布《关于公安机关管辖的刑事案件立法追诉标准的规定（一）》，在第56条进行细化。[①] 此外，本条规定的“严重损害就诊人身体健康”，是指造成就诊人严重残疾、重伤、感染艾滋病、病毒性肝炎等难以治愈的疾病或者其他严重损害就诊人身体健康的后果。

---

① 具有下列情形之一的，属于本条规定的“严重不负责任”：（一）擅离职守的；（二）无正当理由拒绝对危急就诊人实行必要的医疗救治的；（三）未经批准擅自开展试验性治疗的；（四）严重违反查对、复核制度的；（五）使用未经批准使用的药品、消毒药剂、医疗器械的；（六）严重违反国家法律法规及有明确规定的诊疗技术规范、常规的；（七）其他严重不负责任的情形。

（三）“逻辑”的修复

由上述分析可见，医疗事故只有在构成刑事犯罪，即由于医务人员由于严重不负责任，造成就诊人死亡或者严重损害就诊人身体健康的，才应当由医生来承担刑事责任。其他情况下，均应由医院对外承担民事和行政责任。本案中，医务人员并没有存在严重不负责任的情形，因此并不应当由此遭受惩罚，更何况被告人连某某也没有作出处罚的主体资格，其不理智的行为最终面临了法律的处罚。

此外，判断医疗行为过失也与普通行为过失不同，除了依据明确的法律、法规、规章、诊疗护理规范之外，在对行为人的可预见能力、防范能力评估时，需要很强的医学临床知识。需要在理性人基础上，综合考虑一般医务人员在相关情况下的正常标准，不同地区的医疗水平差异、不同科别专业医师的知识结构，不同级别医疗机构与医务人员专业技能和经验水平。同时，由于医疗行为的治疗结果具有不确定性，某些疾病在治疗过程中允许存在一定的误诊率，疑难杂症甚至可以允许误诊率高达 30% 以上。同时，医疗行为具有一定的选择和裁量权，不同的治疗手段可以治疗同一种疾病或者实现不同的治疗效果，需要综合考虑患者个体情况、临床指征、主治和替代方案的风险性等来判断医生的主观过错。

一个生命的存在或逝去，对于患者本人和他的亲人毋庸置疑都是极其重要的。从这个角度看，医生的职业队差错和失误是个“零容忍”的职业。但我们在最大限度保护病人的同时，也应避免对当事医生过分的苛责和诉讼，因为从长远来说不利于医学的发展，最终也不利于患者群体的利益。

四　改革的进路

近年来，我国医患暴力冲突呈“井喷式”爆发。中华医院管理学会的一项调查显示，全国有 73.33% 的医院，出现过病人及其家属用暴力殴打、威胁、辱骂医务人员的情况，每所医院平均每年发生的暴力伤医事件高达 27 次。一旦患者家属怀疑医生在患者不治身亡中负有责任，立马就有数十人披麻戴孝在医院公共场所设立灵堂，一哭二闹三上吊的上演一遍“闹剧”。如何解决医患关系的对立，如何化解人们心里这种要么把医生当成万能的天使，要么把医生当成残忍的魔鬼的潜意识心理，如何避免弑医的悲剧不再发生。应当从思想意识、法律规范、医疗体制改革三个方面入手。最根本的还是要让人们清楚地认识和了解我国的医疗现状，消除对医疗体制、对医护人员的敌对思想。

（一）不要抱怨其实在中国看病很幸福

这些年，大家都抱怨在中国看病难、看病贵，更多地把医疗体制的不满，发泄到医患工作者身上，使得原本就极为辛苦的医护工作者，成了最危险的职业之一。那么，在中国看病真的难和贵吗？有过在国外看病经历的人应该很庆幸自己出生在中国，可以享受中国廉价、便捷的医疗服务。在医疗水平发达的美国，急诊都是需要预约的，有很多病人等着等着病就好了，或者实在着急就出国去治，而且急症的费用都是1000元美金起步，其中医疗费用不仅包括支付医生的诊疗费，还有使用诊室的费用，比如儿童脱臼，在美国公立医院，至少需要花费一万元人民币，耗时4~5个小时，履行烦琐的手续和检查，而在中国，则需要一百块钱，五分钟就治愈了。在中国，看病已经是一件很幸福的事儿了，因此，善待白衣天使，这是对自己的尊重，更是对生命的尊重。

（二）“医闹”入刑

法律的处罚永远是规范医患行为和关系的达摩克里斯之剑。一方面，通过对医生的暴力伤害制定更加严厉的处罚，另一方面，设置更加严密的医院安全防卫措施来保障医护工作者的日常安全。

针对“医闹”这个严重影响社会公共秩序影响恶劣的现象，2015年8月29日，全国人大常委会表决通过的《刑法修正案（九）》中将《刑法》原第290条的“聚众扰乱社会罪”这一条款增添了“医疗”一项，即“聚众扰乱社会秩序，情节严重，致使工作、生产、营业和教学、科研、医疗无法进行，造成严重损失的，对首要分子，处三年以上七年以下有期徒刑；对其他积极参加的，处三年以下有期徒刑、拘役、管制或者剥夺政治权利。多次扰乱国家机关工作秩序，经行政处罚后仍不改正，造成严重后果的，处三年以下有期徒刑、拘役或者管制。”这标志着从2015年11月1起，“医闹”正式入刑，“医闹”情节严重者追究刑责且最高可判7年，表明国家依法打击“涉医违法犯罪”的决心。同时，卫计委等9部门曾联合发文，自2016年7月起开展为期1年的打击涉医违法犯罪专项行动。方案指出，任何理由也不能成为寻衅滋事、侮辱医务人员、扰乱医疗秩序甚至暴力伤医的借口。对于殴打医务人员、严重扰乱医院秩序的，依法予以治安管理处罚或者追究刑事责任。

“医闹”并非一个法定罪名，也可以称为“涉医违法犯罪”行为，是以医疗卫生服务机构和人员为侵害对象的诸多违法犯罪或违规行为的文学性描述，因其具体内容不同，而可能构成多个罪名，触犯不同的刑罚条款，并非仅仅只是“聚众扰乱社会秩序”。对应地，在没有严重后果时，也有《中华人民共和国治安管理处罚法》的相关条款予以规制和惩处。对于“医闹”分别不同情形的适用法律，最高人民法院、最高人民检察院、公安部、司法部、国家卫生和计划生育委员会于2014年4月22日发布的《关于依法惩处涉医违法犯罪维护正常医疗秩序的意见》之“二、严格依法惩处涉医违法犯罪”中，作出详细具体的指导。①

由此可见，“医闹”，轻者触犯《治安管理处罚法》，重者，即“涉医违法犯罪”，触犯刑法。不理智的“医闹”行为不会因为医疗事故的发生而合法化，也不是处理医患纠纷，维护自身权益的合法手段，冲动只能带

① 最高人民法院、最高人民检察院、公安部、司法部、国家卫生和计划生育委员会于2014年4月22日发布的《关于依法惩处涉医违法犯罪维护正常医疗秩序的意见》之“二、严格依法惩处涉医违法犯罪”中规定：在医疗机构内殴打医务人员或者故意伤害医务人员身体、故意损毁公私财物，尚未造成严重后果的，分别依照治安管理处罚法第四十三条、第四十九条的规定处罚；（一）故意杀害医务人员，或者故意伤害医务人员造成轻伤以上严重后果，或者随意殴打医务人员情节恶劣、任意损毁公私财物情节严重，构成故意杀人罪、故意伤害罪、故意毁坏财物罪、寻衅滋事罪的，依照刑法的有关规定定罪处罚。（二）在医疗机构私设灵堂、摆放花圈、焚烧纸钱、悬挂横幅、堵塞大门或者以其他方式扰乱医疗秩序，尚未造成严重损失，经劝说、警告无效的，要依法驱散，对拒不服从的人员要依法带离现场，依照治安管理处罚法第二十三条的规定处罚；聚众实施的，对首要分子和其他积极参加者依法予以治安处罚；造成严重损失或者扰乱其他公共秩序情节严重，构成寻衅滋事罪、聚众扰乱社会秩序罪、聚众扰乱公共场所秩序、交通秩序罪的，依照刑法的有关规定定罪处罚。在医疗机构的病房、抢救室、重症监护室等场所及医疗机构的公共开放区域违规停放尸体，影响医疗秩序，经劝说、警告无效的，依照治安管理处罚法第六十五条的规定处罚；严重扰乱医疗秩序或者其他公共秩序，构成犯罪的，依照前款的规定定罪处罚。（三）以不准离开工作场所等方式非法限制医务人员人身自由的，依照治安管理处罚法第四十条的规定处罚；构成非法拘禁罪的，依照刑法的有关规定定罪处罚。（四）公然侮辱、恐吓医务人员的，依照治安管理处罚法第四十二条的规定处罚；采取暴力或者其他方法公然侮辱、恐吓医务人员情节严重（恶劣），构成侮辱罪、寻衅滋事罪的，依照刑法的有关规定定罪处罚。（五）非法携带枪支、弹药、管制器具或者爆炸性、放射性、毒害性、腐蚀性物品进入医疗机构的，依照治安管理处罚法第三十条、第三十二条的规定处罚；危及公共安全情节严重，构成非法携带枪支、弹药、管制刀具、危险物品危及公共安全罪的，依照刑法的有关规定定罪处罚。（六）对于故意扩大事态，教唆他人实施针对医疗机构或者医务人员的违法犯罪行为，或者以受他人委托处理医疗纠纷为名实施敲诈勒索、寻衅滋事等行为的，依照治安管理处罚法和刑法的有关规定从严惩处。

来惩罚。

此外，应设置有效的隔离措施，加强医疗安保措施。首先，应当在急诊室、门诊室等候区与治疗区之间设立门禁措施。有效的门禁设施，可以对医生及其工作环境起到保护作用，有利于隔离或降低医生遭受暴力侵害的危险。其次，在各医院设立驻院警察值班室，突发事件发生时，值班警察第一时间赶到现场处置危机，同时对暴力分子起到震慑的作用。

（三）医疗体制是关键

弑医事件背后，我们应当谴责行凶者，但是医疗行业更应该反思医疗体制的缺陷，从医疗体制改革上削弱医患矛盾的激发因素，这才是医患关系改善的关键。

1. 提高医生服务质量

作为医者，首先，应当把病人的利益和身心健康放在第一位，赢取患者的信任，相互信任是良好医患关系的基础。医生在诊断治疗病人时一定要尽可能地给出准确、真实的信息，给病人建立起一种信任的基础，凡是医疗上对患者无益的、不必要的或是属于禁忌症的，医护人员应谨慎评估，绝对不做不必要的用药、手术或治疗，医生应以“患者利益最大化”为原则，更不可以放任患者处于不需要的风险中。①

其次，应当尊重病人体现耐心。医患双方缺少交流而产生误解，或者医生对患者的意见缺乏足够的尊重，由此建议医生应有足够的耐心来倾听病患的陈述，对于问询应给出明确细致的解答。当然，我国目前没有设置门诊数量限制，导致医生问诊量大而无法保障充足的时间对患者耐心的倾听和解答。这需要从体疗体制上对医生的收入来源与门诊数量的挂钩程度、门诊的费用、问诊患者对医生考评机制对医生职业的影响等方面进行全面的完善和改革。减少非医疗事务在医务人员日常工作中的比例，减少科研考评中的比重，改变以业务量为绩效指标的理念，将医务人员回归临床、回归医学本身，注重实务，提升患者安全在绩效中的核心地位。

医疗服务的提供不是医务人员的个人行为，而是医疗机构的单位行为，因此，在业务量提升的时候，不能仅靠增加医务人员的劳动量去解决，而是

① 参见张莉、冯立华：《一位旅美医师的七条“医患相处经”》，http://www.91huayi.com/contents/5/6636.html，2016 年 8 月 20 日。

要通过医疗管理的优化去提高工作效率，同时保障治疗质量与患者安全。因此应当再造医院流程，优化管理，改善服务模式。

2. 完善医院信息公开

服务态度差、信息不公开等都是容易造成医患纠纷的原因，通过优化服务来防患于未然。医院信息公开是提高医院运行透明度，促进医疗质量改进，加强社会监督的重要举措。医患双方对医疗信息分布和掌握的不对称，直接影响到医患信任的建立和患者对医疗效果的评价。① 目前，我国《医疗信息公开法》规定的医院信息公开的内容主要包括医院和医师执业资格，医疗服务项目、内容、流程情况，医师信息，保险报销比例，捐赠资助管理，联系方式等方面。对医院的发展战略和重点、重大事项的决策过程、医院财务收支状况等没有提及。这方面，可以借鉴英国和台湾地区医院信息公开的经验，加强医院信息公开立法，从制度层面引导和强化医院信息公开的力度和权威性，② 逐步扩大医院信息公开的内容和范围。

3. 引入第三方赔付保险机制

引入保险制度，和保险公司合作对重大医疗事故投入保险，这样一旦发生重大医疗事故，通过商业保险赔偿部分损失，减少医院的赔付压力，有助于医疗环境的改善。在美国，所有医生都要购买过失医疗保险才能开业行医，这样就一定程度上避免了与患者的正面冲突。在医疗过程中，如果一旦出现医疗失误，病人的律师会向医疗失误保险公司索赔，医生和病人不会出现正面冲突，也绝不会出现医闹现象。如果病人到医生诊所或医院干扰正常工作，那么属于违法犯罪的行为，医生报警，警察会马上赶到。③

4. 建立完善的多元化纠纷解决机制

《医疗事故处理条例》第 46 条规定："发生医疗事故的赔偿等民事责任争议，医患双方可以协商解决，不愿意协商或者协商不成的，当事人可以向卫生行政部门提出协调申请，也可以直接向人民法院提起民事诉讼。"但是，由于医患双方立场不同，协商不一定能达成共识，甚至可能久拖不决，向卫生行政部门提出的调解申请范围也仅限于医疗事故，诉讼程序更是耗时漫

---

① 参见徐渊洪：《信息不对称下医患信任的重构》，《中华医院管理杂志》2004 年第 3 期。

② 参见张录法、黄犷、谷华：《医疗机构信息公开现状及对策研究》，《情报科学》2006 年第 2 期。

③ 参见张莉、冯立华：《一位旅美医师的七条"医患相处经"》，http://www.91huayi.com/contents/5/6636.html，2016 年 8 月 20 日。

长，成本昂贵。

应当借鉴国外的医疗纠纷非诉讼解决机制。如在德国，医疗事故发生后，病人一般首先与当事医生或者医院进行直接接触以确认事实，并协商可能的赔偿问题，如果这一措施没有达到效果，病人可以向“医疗事故调解所”机构求助；在美国，由退休的法官和律师组成的仲裁委员会，帮助医患双方找到解决问题的办法；在日本，医疗纠纷的诉讼外解决手法分为当事者对话解决和医师会解决，日本医学会给其所属会员医生提供执业责任保险，其目的在于保证会员能进入到医疗差错保险覆盖，是使病人和医生双方感动公平的一种迅速、有效的争端处理机制。

因此，在我国，首先应设立医疗纠纷调解委员会。医疗纠纷调解委员会的设立，用来帮助解决本医院的医疗纠纷，如劳动仲裁一样为其他纠纷处理的前置程序，该机构由医院成立，同时相对独立不隶属于医院。委员会的成员包括医生、护士、社会工作者、律师以及一些患者的代表。其次，专设政府机关投诉机构。在限定时间范围内，限定患者向该政府投诉机构以书面或者口头方式投诉，而该机构要在限定时间内受理投诉，并在限定时间内进行调查，且应在限定时间内给出书面的处理意见。

五　小结

鲁迅当年弃医从文，当下中国又何尝不是，更需要治疗心理上的病，而不是躯体上的病。但是，我们也应当看到，这种弑医事件毕竟是少数案件，大多数的患者是理性的、非暴力的。任何矛盾都是双方过激反应的结果，在面对患有疾病、渴求治疗的弱势患病群体，医生是否应该更多一点耐心和温度，宽容患者也是保护自己，也许一起激怨暴力事件就会在一句柔和的话语间化解。正如唐代名医孙思邈在《大医精诚》里所说：“凡大医治病，必当安神定志，无欲无求，先发大慈恻隐之心，誓愿普救含灵之苦。若有疾厄来求救者，不得问其贵贱贫富，长幼妍媸，怨亲善友，华夷愚智，普同一等，皆如至亲之想。”当医师还没有办法抵达的时候，先让心去接近，这也许才是化解医患矛盾的金钥匙。

刑事冤案中的专业问题认定
——以念斌案为范本

李晓丽 *

> 要站在二十一世纪末展望证据法学发展的前景，这更多是意味着对事实认定科学化问题的探索与讨论。
>
> ——米尔建·R·达马斯卡 ①

科学技术是第一生产力，伴随着时间推移，科学技术渗透到社会生活的各个方面，法律作为规范社会秩序的一种规则，科学技术对其影响力愈发突显。在刑事司法领域，科学证据在诉讼活动中的应用越来越广泛，尤其体现在新型犯罪类型的审判方面。

具体而言，科学证据在司法领域中的应用为法官认定案件事实提供了新手段、新视角，审查科学证据并在审判工作中服务裁判者成为常态，但是专门性问题认定困难的痼疾依旧困扰着法官与诉讼参与人。他们自身的知识和经验具有有限性，自行理解与把握案件中出现的专业性问题并不现实，这种知识盲点不仅影响控辩双方平等对抗，导致案件当事人对科学证据应用的不信任，而且会影响法官对案件事实的把握与判断。在刑事审判实务中，案件涉及专业问题认定困难大已经成为司法从业人员的共识。就此而言，顺应时代发展规律，构建并完善专家群体合理参与刑事诉讼的制度设计，能够提高

---

* 李晓丽，中国社会科学院研究生院博士研究生。

① ［美］米尔建·R·达马斯卡:《漂移的证据法》，李学军等译，中国政法大学出版社 2003 年版，第 212 页。

法官对涉诉专门性问题的认定准确性，及时破解刑事诉讼中专业问题认定难的困境。

一 案情回顾：念斌案概览 ①

2006 年 7 月 27 日夜，福建省平潭县澳前村 17 号两户居民家中多人出现中毒症状，其中两人经抢救无效死亡。警方经过侦查，很快确定是人为投入氟乙酸盐鼠药所致，认为其邻居念斌有重大作案嫌疑，被逮捕，提起公诉。后该案历时 8 年 10 次开庭审判，4 次被判处死刑立即执行。2010 年 10 月，最高人民法院以“事实不清、证据不足”发出不核准死刑的裁定书，并撤销原判发回福建省高级人民法院重审。2011 年 5 月 5 日，福建省高级人民法院也撤销了福州市中级人民法院对念斌的死刑判决，发回重新审判。2011 年 9 月 7 日，该案再次开庭审理，再次对念斌判处死刑，剥夺政治权利终身。2014 年 8 月 22 日，福建省高级人民法院作出终审判决：一、撤销福州市中级人民法院〔2011〕榕刑初字第 104 号刑事附带民事判决。二、上诉人念斌无罪。三、上诉人念斌不承担民事赔偿责任。

2014 年 9 月，平潭县公安局已对念斌重新立案侦查。11 月，念斌曾两次因“犯罪嫌疑人”的身份办理护照遭拒。他向福州市人民政府申请行政复议遭官方拒绝。

2014 年 12 月 26 日上午，念斌已经向福建省检察院提交控告书。

2015 年 1 月 31 日，2014 年备受关注的福建念斌案被写入福建省高级人民法院工作报告。

2015 年 2 月 15 日，福州市中级人民法院依法对赔偿请求人念斌二审宣告无罪赔偿案作出国家赔偿决定，决定先支付赔偿请求人念斌人身自由损害赔偿金 58.9 万元；支付赔偿请求人念斌精神损害抚慰金 55 万元；在侵权行为影响的范围内为赔偿请求人念斌消除影响，恢复名誉，赔礼道歉。

---

① 关于本案介绍，主要参见《念斌案与中国刑辩》，http://news.163.com/14/0914/03/A62TT52000014AED.html，2016 年 8 月 21 日。

二　无独有偶：专业问题认定难引发的冤案并非个例

在 2012 年《刑事诉讼法》实施之前，由于未经过科学的司法鉴定或者法院采用了错误的司法鉴定而引发的冤假错案不胜枚举。例如“佘祥林案”，案件没有经过司法鉴定就武断认定案件事实的情况在案件侦查阶段便反应出鉴定启动权力机关垄断带来的司法腐败问题。案件的法医在没有进行 DNA 鉴定甚至血型检查的情况下，就武断的将尸体鉴定为佘祥林的妻子，结论得出的依据竟然是尸体的体貌特征。但是案件的当事人并没有权利启动司法鉴定程序，如果要求侦查机关进行 DNA 鉴定的话，就要支付两万元的鉴定费用。这类案例仅仅反映了科学证据漏洞引发司法风险的冰山一角，除此之外，法官采纳错误的鉴定意见的情况也时有发生，如著名的“张辉、张高平案”，案件的当事人对于鉴定意见都持有严重异议，然而我国的刑事立法并没有救济当事人排除异议的程序性规定，导致案件在事实认定过程中没有及时纠正错误，不仅侵害了当事人的合法权益，也损害了司法公正。再如“赵作海案”“杜培武案”等，作用越大则责任越重，鉴于鉴定意见可能直接影响案件事实认定的发展方向，保障科学证据的科学性、准确性对于维护审判公正意义重大。

这些冤假错案的产生是多种因素共同作用的结果，但是它们都反映了鉴定意见的客观、科学对于认定案件事实，乃至维护司法公平正义的重要性。这些“亡者归来”“真凶已死”的冤案都暴露出鉴定意见超然证明力的危害。案件当事人对司法鉴定活动的参与能力和参与程度有限，使得科学证据在刑事审判中的使用存在诸多隐患，对科学证据审查的忽视影响了案件事实的正确认定。

2012 年《刑事诉讼法》修正案颁布，修正案内容一方面将“鉴定结论”的措辞改为“鉴定意见”，进一步完善了司法鉴定制度的相关规定，意在破除我国司法鉴定制度的诸多痼疾；另一方面在我国刑事诉讼领域初步构建了专家辅助人制度，将身处科学证据神坛的鉴定意见拉入凡尘，终结了法官盲目依赖鉴定意见的局面。从全国各地制度运行的实际情况来看，虽然刑事审判实务中专家辅助人参与庭审的个案数量有限，但是这一新建制度得到了理论界与实务界的共同关注，并在不断的尝试与探索中得到完善，在巩固和质证鉴定意见、服务案件事实认定方面的功能逐步显现。① 从 2012 年《刑事

① 参见胡铭:《专家辅助人：模糊身份与短缺证据——以新〈刑事诉讼法〉司法解释为中心》,《法学论坛》2014 年第 1 期。

诉讼法》实施以来具有社会影响力的案件来看，专家辅助人参与刑事审判活动，且先不论其发表的意见是否扭转了审判结果，就其过程来看体现出一定的积极功能，如专家辅助人以其特有的知识与经验为辩护方提供了特殊的视角与思路，使得辩护意见更具有针对性跟时效性，有力提高了辩护质量；专家辅助人的参与还进一步丰富了法庭认定案件事实的方式和手段，为发现案件真实提供了更加透明、科学的环境，加强对鉴定意见的监督，提高审判的质量。但是，我国刑事诉讼领域的专家辅助人制度尚处于试水阶段，在立法上规定太过粗疏，对实践操作缺乏有效的指导意义，还需要不断地摸索前进，因此在司法实践中出现困境与瑕疵也在情理之中。

三　寻本溯源：专家群体参诉制度探究

德国学者埃·梅茨格尔早在 20 世纪初就对专家在诉讼中所承担的职能进行了分类研究，他提出，在诉讼程序中专家群体承担者三种不同的职能：一是将其所具备的专门知识加以抽象概括，升华为普适性的原则性认识并加以传达；二是在其本身具备的经验、知识体系基础之上加之合理、科学的分析、推理，得出合理推论；三是运用自身经验与知识对具体事实得出合理认知并加以传达。[①] 将这一分类方法反映到立法领域，三类承担不同职能的专家全体分别对应了诉讼中的专家辅助人、鉴定人及专家陪审员。

（一）司法鉴定制度

我国刑事诉讼领域确立了鉴定人制度用以应对案件中涉及的专门性问题，鉴定意见也是我国刑事诉讼立法明确认可的证据种类之一，但是由于鉴定制度本身设计与实施短板，导致司法实践中积弊丛生，当事人合法权利难以得到有效保障。一方面，鉴定人在诉讼过程中扮演重要角色，案件中涉及专门性问题法官和当事人都束手无策，不得不依赖和仰仗鉴定人的意见。尽管 2012 年《刑事诉讼法》将“鉴定结论”改为“鉴定意见”也难以破除鉴定意见容易被法官轻信的弊端，因为鉴定意见本身具有较高证明力，因此长期以来，法官对于鉴定意见具有天然的依赖心理。但不可否认的是并非所有

---

① 参见［日］上野正吉、兼头吉市、庭山英雄:《刑事鉴定的理论和实践》，徐益初、肖贤富译，群众出版社 1986 年版，第 10~93 页。

的鉴定意见都是科学、合理、适用的。① 而且，司法实践中鉴定人出庭率非常低，鉴定意见的质量难以保障；另一方面，根据2012年《刑事诉讼法》的相关规定，鉴定活动的启动权利主体并没有覆盖当事人及其辩护人、诉讼代理人，在案件当事人对侦查机关给出的鉴定意见持有不同意见的情况下，只能向审判机关提出重新鉴定的申请。在这种情况下，重复鉴定、多头鉴定等乱象便顺势滋生了。② 然而，诉讼当事人及其辩护人、诉讼代理人由于专门知识的缺乏也难以发现鉴定意见的缺漏之处，提出与鉴定意见有效抗衡的专业意见以影响法官的权衡更是不太现实。③

当前，我国正处于司法体制与工作机制改革的深水区，司法鉴定制度在我国司法体制中扮演者重要角色，是维护与促进司法公正的基础制度平台。以审判为中心的诉讼制度改革当下正开展的如火如荼。其实早在20世纪80年代后期，我国审判方式的改革就已经开展起来并且不断推进。以审判为中心的诉讼制度改革，其关键就是强化当事人在诉讼中的主体作用，加强庭审的对抗与辩论。长期以来，我国的诉讼结构以大陆法系国家的职权主义模式为基础，目前正在探索逐步引入英美法系国家当事人主义诉讼模式中对抗制因素的积极成分，④ 主动借鉴了英美法系国家庭审形式以及辩论主义的内容。⑤ 伴随着司法体制改革工作的推进与依法治国基本方略的贯彻落实，传统的司法鉴定制度显露出诸多弊端，越来越难以适应改革推进中的庭审方式，专家意见在诉讼中的作用难以有效发挥引起广泛诟病，司法鉴定制度改革引发了理论界和实务界的广泛关注。在这种背景之下，顺应我国司法体制改革与以审判为中心的诉讼制度改革的步伐，吸收借鉴国外类似制度的合理因素，并结合我国传统司法鉴定制度的适用现状，进一步完善专家辅助人制度的相关内容，不仅有利于解决重复鉴定、多头鉴定、瑕疵鉴定等困扰多年的痼疾，提高司法鉴定质量，而且有利于正确认定案件事实，保障法律正确适用，有效化解社会矛盾纠纷，更好地做到让人民群众在每一个案件中感受

① 左宁:《我国刑事专家辅助人制度基本问题论略》,《法学杂志》2012年第12期。

② 王妮妮:《中国式民事诉讼“专家辅助人”制度的构建——基于对美国专家证人制度的选择性借鉴》,《中国石油大学学报（社会科学版）》2014年第4期。

③ 左宁:《我国刑事专家辅助人制度基本问题论略》,《法学杂志》2012年第12期。

④ 汪建成:《司法鉴定模式与专家证人模式的融合——中国刑事司法鉴定制度改革的方向》,《国家检察官学院学报》2011年第4期。

⑤ 郑浩:《论我国专家辅助人制度的完善》，硕士学位论文，苏州大学，2010年。

到公平正义。

从本质来看，司法鉴定活动就是运用科技手段杜某些事实进行科学实证的活动，这种活动体现出明显的科学性、严谨性，因此诉讼活动中具有重要意义。作为一种科学证据种类，鉴定意见在证据体系中优势地位明显，对于法官认定案件事实影响力较大，甚至被称为“证据之王”。因此，保障司法鉴定活动的规范性不可忽视，客观、科学的司法鉴定是保障司法公平正义的必然要求。当然，司法鉴定自身的特性成就了鉴定意见的超然地位，同时也带来了司法鉴定制度设计的困境，司法鉴定的机构设置与管理、操作流程与运行规范等工作开展均是困难重重，导致司法鉴定制度称谓我国诉讼制度设计的薄弱环节。① 我国现行的司法鉴定制度存在诸多缺陷，受到理论界与实务界的广泛诟病。具体表现在以下几点：

第一，鉴定意见垄断涉案专业问题领域，容易被法官轻信。前文也已经提到鉴定意见真实与否对于案件事实的准确认定意义重大。在司法实践中，由于法官采信了错误的鉴定意见由此而导致的冤假错案屡见不鲜。究其原因，法官容易轻信鉴定意见主要有几下原因：一方面，法官熟悉法律，但并不能完全涉猎和了解“具有专门知识”的领域，如果案件当事人对鉴定意见持有异议，法官也难以作出合理解释；另一方面，在刑事审判实务中，鉴定意见往往呈书面形式，给予审判效力的考虑，法官更倾向于维护鉴定意见的地位；② 此外，鉴定人出庭的启动方式之一就是基于法官的指派或者聘请，在这种情况下法官的态度会影响鉴定人参诉的效果，甚至在司法实践中“证据不足，鉴定来补”的现象也时有发生。诚然，2012 年《刑事诉讼法》在修正过程中将“鉴定结论”修改为“鉴定意见”，将司法鉴定从神坛中拉下来，但是毕竟司法鉴定被事先预定证明力，称谓的改变具有科学性却依旧不能从实质上改变法官容易轻信鉴定意见的事实。司法实践中，办案人员往往对鉴定意见存在依赖心理，难以在审查鉴定意见方面承担好“守门人”的职责。

第二，鉴定意见的中立性和客观性缺乏保障。司法鉴定活动的功能在于用科学的手段为法官认定案件事实提供证据材料，是一种为司法审判服务的技术性行为。基于此，司法鉴定活动的进行必须依法开展、依规范开展，保

---

① 参见黄敏:《我国应当建立“专家辅助人”制度——意大利“技术顾问”制度之借鉴》,《中国司法鉴定》2003 年第 04 期。

② 郭华:《司法鉴定意见论》，中国人民公安大学出版社 2009 年版，第 286 页。

持鉴定主体的独立性和鉴定结果的客观性，以维护司法公正。[①] 有学者曾经进行过专门统计，需要进行司法鉴定的刑事案件达到90%以上。[②] 由此可见，鉴定意见的客观性、公正性对准确认定案件事实意义重大。但是，在我国刑事诉讼领域存在着鉴定意见的中立性和客观性缺乏保障的情况，这可以从宏观、中观、微观三个层面进行解析：从宏观的角度来看，我国的司法鉴定制度带有浓厚的职权主义特色，鉴定人被当作机构内人员，其出具的鉴定意见也更容易被审判机关认可与采纳。在我国鉴定机构的设置中，鉴定机构在公安机关、检察机关和法院内部设置，这在一定程度上背离了鉴定机构的中立性原则。在我国刑事诉讼制度设计中，公安机关是侦查机关，检察机关承担控诉职能并就指控的犯罪事实承担举证责任，但两机关内部却设置了鉴定机构。这种机构设置方式容易导致鉴定意见为支持机关自身的诉讼主张服务，缺乏中立性，影响鉴定意见的客观公正。而审判机关对于机关内设鉴定部门出具的鉴定意见也会存在天然的倾向性，不仅影响审判公正，也会损害司法公信力。[③] 加之，我国尚未构建起对鉴定人有效的追责机制，要保障鉴定意见的客观性更是难上加难。从中观的角度来看，我国的刑事立法对于审查判断鉴定意见没有提供有效指引。虽然立法上对鉴定意见的采信标准和审查形式做了进一步规定，但依然难以扭转局面。因为司法实践中鉴定人出庭比率低会影响审查判断的效果，而且即使鉴定人出庭，缺乏了解相关领域专门知识的人参与，质证效果也是乏善可陈，难辨真伪，甚至整个质证程序被架空。在这种情况下，通过对鉴定意见的审查判断维护司法公正只能是一句空话。[④] 此外，由于专业知识的缺乏，法官审查鉴定意见也多有困惑，审查内容多流于形式。从微观的角度来看，如果没有具备相关领域专业知识与经验的人与鉴定人相互对抗，专业问题中的关键信息难以在庭审过程中被法官与案件当事人掌握，庭审中对抗形式的薄弱影响法官对案件专业问题的认定。[⑤]

---

① 参见黄敏:《我国应当建立“专家辅助人”制度——意大利“技术顾问”制度之借鉴》,《中国司法鉴定》2003 年第 04 期。

② 参见于美丽 :《也谈司法鉴定的完善》,《中国人民公安大学学报》2000 年第 5 期。

③ 参见黄敏:《我国应当建立“专家辅助人”制度——意大利“技术顾问”制度之借鉴》,《中国司法鉴定》2003 年第 04 期。

④ 同上。

⑤ 参见陈邦达:《论“有专门知识的人”参与刑事诉讼》,《大连理工大学学报（社会科学版）》2014 年第 3 期。

第三，重复鉴定与多头鉴定现象泛滥，严重影响诉讼效率。司法鉴定中的多头鉴定、重复鉴定是横亘在司法鉴定制度改革面前的“拦路虎”，也是司法鉴定实务中的突出难题，这一现象的泛滥不仅会影响诉讼效率、浪费司法资源，而且还会影响司法权威，造成司法鉴定程序启动的混乱无序等问题。诚然，当事人申请重新鉴定是法律赋予的合法权利，也具有其存在的合理之处，这在一定程度上体现了对案件当事人诉讼权利的保障，对案件真实的追求。我国 2012 年《刑事诉讼法》规定，如果案件当事人对于案件的鉴定意见有争议，可以采取的救济途径之一就是申请重新鉴定，反映出一种实事求是的纠错态度。然而这一权利却在社会实践中被不合理的使用，甚至是滥用，主要原因就是在于鉴定意见本身具有明显的专业性，审判人员与案件当事人应对起来存在知识与经验上的短板。2012 年《刑事诉讼法》赋予当事人申请重新鉴定的权利得以有效行使是有前提条件的，那就是当事人能够理解鉴定意见的内容及其蕴含的科学原理，进而能够有效甄别鉴定意见的真实性。但司法实践中的情况恰恰相反，当事人并不具备鉴定意见涉及内容的专业知识，他们频繁地申请重新鉴定，绝大多数情况不是基于发现了鉴定意见的不真实、不合理，而仅仅是由于难以接受鉴定意见所佐证的事实。而且，从当事人的角度来看，在没有司法鉴定启动权的情况下，控辩双方掌握的诉讼资源明显不均衡，信息不对等的情况加剧了案件当事人的质疑情绪，只能频繁申请重新鉴定。

第四，鉴定人出庭率低。在当前我国刑事诉讼司法实践中，鉴定人不出庭的情况占了绝大多数。这种情况下，庭审中当事人进行质证的对象就是鉴定人提供的书面鉴定意见，因此质证活动难以触及司法鉴定具体程序安排与操作方法的合理性、鉴定意见推导过程的合逻辑性等技术问题，只能粗浅的涉及鉴定主体合法性、鉴定材料全面与否等形式上的问题，执政效果乏善可陈。近来一段时间，司法实践中的一些冤假错案充分暴露出鉴定意见认定错误的恶劣影响，也引发了理论界与实务界呼吁鉴定人出庭参与质证的声音。为了改善刑事诉讼中鉴定人出庭率低的现状，《刑事诉讼法》在修改过程中明确规定了鉴定人拒不出庭作证的法律后果。然而，事实证明，这一规定的出台并没有从根本上解决鉴定人出庭率低的问题，原因在于影响鉴定人出庭积极性的主要原因在于法官与当事人并不具备案件涉及专业问题的知识与能力，即便鉴定人出庭质证，也会产生“鸡同鸭讲”的尴尬与困惑局面，质证效果也不会有多改善。受限于知识领域与经验积累，控辩双方对鉴定意见的质证难以涉及鉴定意见的关键信息，而只是停留在鉴定人资质、鉴定操作流程等细节性、表面性的问题，[①] 质证活动流于表面，鲜有实质性动作。然而这种现象又会影响鉴定人出庭的积极性与实际意义，从而形成这一种“不愿出庭——出庭无意义”的恶性循环。

第五，我国的司法鉴定制度启动权设置不合理，容易滋生“暗箱操作”，透明化程度低。就司法鉴定制度的启动权而言，大陆法系国家奉行的是“司法官启动制”，也就是说，只有法院才有启动司法鉴定的权利，侦查机关与检察机关只能够就启动司法鉴定程序向法院提起申请；英美法系国家奉行“当事人启动制”，也就是说案件当事人平等的拥有启动司法鉴定的权利，不论控辩。我国司法鉴定启动权的设置均不同于二者，具有一定的不合理性。根据我国2012年《刑事诉讼法》的相关规定，司法鉴定的启动权掌握在公安、检察、法院三机关手中，作为案件的当事人只能够依照法律申请补充鉴定、重新鉴定。加之绝大部分鉴定机构都设置在公检法三机关内部，三机关可以自行决定鉴定机构选择，甚至将鉴定活动作为诉讼行为开展的辅助性手段。这种现象进一步加剧了案件当事人的被动型，难以充分参与司法鉴定活动的始终。因此案件当事人难以针对司法鉴定活动充分参与并发表意见，这个司法鉴定“暗箱操作”留存了足够的空间，缺乏公开性和透明性。[②]

（二）专家辅助人制度

2012年《刑事诉讼法》第192条规定的出台，标志着我国第一次在刑事诉讼领域确立了专家辅助人参与庭审的制度。专家辅助人制度在刑事诉讼领域的构建为科学技术这一先进生产力加强对刑事审判实务的影响力提供了新路径，也有效推动了我国司法鉴定制度的改革，其积极作用不容忽视。但是反观上文所提的若干实践案例，目前我国刑事诉讼专家辅助人制度的实施现状不容乐观：一方面，专家辅助人制度的立法设计与司法实践尚处于探索与考察阶段，没有成熟的制度设计方案指导，司法实践中也是困难种种，遭遇多处技术瓶颈。另一方面，尽管在理论层面上专家辅助人制度的功能定位

① 陈邦达:《论“有专门知识的人”参与刑事诉讼》,《大连理工大学学报（社会科学版）》2014年第3期。

② 参见黄敏:《我国应当建立“专家辅助人”制度——意大利“技术顾问”制度之借鉴》,《中国司法鉴定》2003年第04期。

得到普遍认同，但是理想与现实的差距依然很大，由于制度设计过于粗陋，配套性程序规范缺失，导致专家辅助人制度的效能得不到充分发挥，设计初衷难以达成。①

从总体上看，该条规定及其相关司法解释过于笼统和原则，缺乏配套制度的系统安排和明确规定。立法上制度设计的粗陋引发实践操作的指导缺位，造成了专家辅助人制度具体设计模糊，在司法实务中运行现状乱象丛生，导致这项新建制度在运行之初就游走在法律边缘，甚至脱离法律规范的控制。这种乱象的发生不仅违背了法律的严肃性和前瞻性，长远看来还有可能造成专家辅助人诉讼地位的偏颇和异化，甚至一些国外专家证人制度中力求通过改革加以去除的弊端在我国的诉讼领域中重演，导致整个制度被质疑和嘲讽。

就当下的立法与司法解释的总体情况而言，关于专家辅助人制度缺乏系统性的规定。2012 年《刑事诉讼法》的出台，将专家辅助人制度真正引入到刑事诉讼领域，这种仅用一条法条构建一项制度的立法方式更类似于一项制度宣告，为制度在实践中的运行带来了许多障碍。2012 年《刑事诉讼法》构建专家辅助人制度更多是基于满足案件审判过程中对科学证据进行有效质证的需求，而没有以权利保障为出发点，明确规定专家辅助人参与诉讼的具体程序，为制度的有效运行设置具体的保障性规则。② 撇开配套制度的引入不谈，光是专家辅助人制度本身就仅有其形，立法规定十分粗糙，这首先体现在立法上对专家辅助人诉讼地位、出庭程序、权利义务等规定的模糊性。③ 此后，相关部门司法解释相继出台，对专家辅助人制度的构建进行了一定程度的解释与补充，但是就其内容来看，仅仅明确了专家辅助人参与诉讼的部分问题，比如专家辅助热的三项义务，即回避、不得旁听法庭审判、接受询问等。然而，就理论界和实务界共同关注的焦点问题，如关于专家辅助人的任职资格与选任方式、专家辅助人制度的启动程序和出庭程序、诉讼地位、意见属性等内容并没有出台明确且有操作性的指导规范，这种缺乏系统性、明确性的规范内容进步性有限，相关司法解释并没有且难以彻底

① 参见崔帅帅:《浅析专家辅助人制度及其缺陷》,《法学研究》2015 年第 8 期。

② 陈心歌:《论刑事诉讼中专家辅助人制度——以实践功效、理论争鸣与立法完善展开》,《中国司法鉴定》2015 年第 2 期。

③ 谢军:《浅析专家证人制度》,《法制与社会》2013 年第 16 期。

打破立法粗陋的桎梏。一言以蔽之，我国刑事诉讼领域的专家辅助人制度并没有在实质上有效构建，要想保障这项制度在实践中的有效运行，首先需要修正相关立法的模糊性，明确和完善专家辅助人制度的具体设计，为实践运行扫除障碍。

就司法实践的情况来看，从司法实践中的经典案例来看，专家辅助人制度运行过程中存在一些技术性问题，导致专家辅助人在刑事审判中的作用发挥不够充分。此外，专家辅助人制度在司法实践中的运行还存在功能性困境：一方面，虽然专家辅助人制度的构建有可能促进法官“兼听则明”、发现鉴定问题所在，但是不能保证鉴定意见质量普遍提高；另一方面，从理论上讲，专家辅助人制度的合理构建与有效运行有利于减少“重复鉴定”与“多头鉴定”的发生，提高司法效率，但是制度运行的失效也会轻易挑起专业领域内的分歧，损害司法效率。“有朋自远方来不亦乐乎？”但是如何做好对庭审工作的新朋友——专家辅助人的迎新工作，依旧仍重而道远。

四　痛定思痛：专家群体合理参诉制度有待完善

罗马法中有一句古老的法律谚语，“鉴定人是事实的法官”。由于法官在某个领域内专业知识的缺乏，他对案件事实的认定就更加依赖具有专门知识的人。“术业有专攻”，在能力有限的情况下，借助更专业的资源是一种双赢的选择。正是因为人类认识能力是有限的，因此需要引入专业人员参与诉讼活动以弥补法官和当事人知识的空白点，解决案件涉及到的专业性问题。[①]当我们在适用法律的过程中必须时刻秉持严肃认真的态度，如果遇到能力之外的专业问题，求助于专业人员，保障法律程序运行的规范性、科学性，是法律理应受到尊重与赞赏的亮点所在。[②]

刑事司法鉴定是我国诉讼制度中非常重要的一个环节，对于司法鉴定制度的完善至关重要。但是我国 2012 年《刑事诉讼法》中涉及司法鉴定制度的法条数量只有 15 条，而在其他关于司法鉴定的法律法规中，仍是存在

① 参见刘晓农、彭志刚:《关于刑事鉴定的几个问题——以〈刑事诉讼法〉的修改为视角》,《法学论坛》2013 年第 1 期。

② 参见［英］麦高伟、杰弗里·威尔逊:《英国刑事司法程序》，姚永吉等译，法律出版社 2003 年版，第 232 页。

散乱与矛盾，相关立法规定较为粗疏。就司法实践中的应用情况而言，刑事司法鉴定制度作为司法鉴定制度的一部分，在诉讼实践中也存在着诸多的缺陷。要进一步规范司法鉴定制度的立法规范的实践应用，笔者赞同以下做法：第一，规范司法鉴定程序的启动方式，并进一步扩大程序的启动主体；第二，重整刑事鉴定机构，打破刑事司法鉴定由侦查机关指派或聘请隶属于本部门的鉴定人进行鉴定的桎梏，进而化解由此导致的暗箱操作，保障鉴定意见的客观公正；第三，建立司法鉴定制度的援助机制，避免司法鉴定的过度市场化，维护司法公正；第三，统一鉴定标准，规范鉴定意见内容，减少因为鉴定标准不同而造成的“举证、质证、认证”难的现象，并将鉴定所采用的科学技术方法、设施尽可能的标准化，并告知委托人或送检人。使鉴定实施人有标准可循，有法律、法规可依。① 第四，规范多头鉴定、重新鉴定的鉴定程序，确立两鉴终鉴制。一方面，对申请重新鉴定的鉴定机构的选择加以规定，确定初级鉴定机构和上级鉴定机构的鉴定权限，当初级鉴定书送达双方当事人后的一定期限内，当事人不服的有权向上一级鉴定机构提出书面复议申请，上一级鉴定机构审查后，或重新鉴定、或维持原鉴定，但为终局鉴定。另一方面，在鉴定申请人的申请时间及次数上加以约束。赋予当事人双方同等的申请鉴定的时间及次数，以节约时限，实现公平与公正。②

科学技术的进步将人们的现实生活带入“专家时代”，无论是座驾维修、子女教育，还是健康维护、理财税收，都有专家协助打理，司法领域也毫无例外地接受专家强势加盟，司法公正的实现也有法庭上专家的助力。③ 科学证据在案件审判环节发挥越来越重要的作用，传统的案件事实认定手段受到科技力量的冲击和挑战，仅仅依靠法官与案件当事人的力量难以应对案件涉及到的各个领域的专业问题，能够与鉴定人分庭抗礼的专家引入到诉讼程序中来成为刑事司法发展的必然趋势。④ 正是基于对这些现实因素的综合

---

① 参见林风雷:《论刑事司法鉴定制度的完善》，http://syzy.chinacourt.org/public/detail.php?id=4548，2016 年 8 月 21 日。

② 同上。

③ James S. Laughlim, When Students Confront the Experts: Toward Critical Thinking, 81Eng. J. 72,72 (1992).

④ 王妮妮:《中国式民事诉讼“专家辅助人”制度的构建——基于对美国专家证人制度的选择性借鉴》,《中国石油大学学报(社会科学版)》2014 年第 4 期。

考量，我国2012年《刑事诉讼法》在修正时一方面进一步完善司法鉴定制度的相关设计，破除司法鉴定的弊端，同时引进了专家辅助人参与诉讼，与鉴定人的力量进行抗衡。但是对于司法鉴定制度而言，许多底层制度设计问题没有解决，制度运行的表象问题也就难以彻底得到解决，其改革路径依旧充满变数，还需要不断探索。对于专家辅助人制度而言，2012年《刑事诉讼法》的规定太过粗疏，尤其是对专家辅助人的诉讼地位、权利义务、参诉程序等都没有明确规定，这使得专家辅助人制度难以有效针对鉴定意见进行质证。为了有效制衡鉴定意见在诉讼中的影响力，保障当事人的合法权利，我们有必要进一步完善专家辅助人制度。

目前，我国学界对于如何进一步完善专家辅助人制度的研究较为关注，研究成果相对丰富。学者们对于专家辅助人制度完善建议的提出路径主要有两种：一种路径是介绍国外成熟的专家群体参与诉讼的制度设计，或是英国的专家证人制度，或是意大利的技术顾问制度，并以此为样本作为我国专家辅助人制度构建与完善的参考，如黄敏教授在《我国应当建立“专家辅助人”制度——意大利“技术顾问”制度之借鉴》一文中详细介绍了大陆法系国家意大利的技术顾问制度的具体设计，并指出这对我国的立法设计和司法实践具有重要的参考价值。此外，陈光中教授及其博士陈光权在《〈关于司法鉴定管理问题的决定〉之完善》一文中提出，专家辅助人制度的有效构建不仅有利于完善我国的司法鉴定制度，而且惠及整个司法体制改革，我国2012年《刑事诉讼法》的修正有必要借鉴国外的成熟经验，并在此基础上探索构建我国的专家辅助人制度。另一种路径就是从我国的司法鉴定制度为基点，在诊断鉴定制度弊病的基础之上，提出构建我国专家辅助人制度的建议。例如，周士敏教授在《试论建立审查鉴定结论的新机制——设置专家辅助人质证制度》一文中初步阐述了构建专家辅助人制度的具体设想，建议内容涉及了专家辅助人参与诉讼的阶段、程序启动主体、专家辅助人的权利与义务等内容。郭华教授在《刑事诉讼专家辅助人出庭的观点争议及其解决思路》一文中详细论证了我国专家辅助人出庭参诉制度的缺陷以及解决的方案——专家辅助人准入制度以及回避制度等。黄敏教授也在《建立我国刑事司法鉴定——专家辅助人制度》一文中，进一步论述了我国选任专家辅助人的资格等问题。此外，还有许多学者就我国专家辅助人制度的构建提出了可行性建议，例如邹明理教授在《专家辅助人出庭协助质证实务探讨》一文中，对专家辅助人参与诉讼过程并就鉴定意见发表意见的六个实务问题进行了探讨，分析了专家辅助人出庭质证的若干规则，并为制度构建提出规范性建议，倡导构建一种行政管理与司法管理相结合的二元管理格局。常林教授在《刑事诉讼专家辅助人制度关键问题探讨》一文中提出，通过加强对专家辅助人的遴选工作和管理以及专家辅助人意见的司法评判等工作来完善我国的专家辅助人制度。李苏林在《我国刑事诉讼专家辅助人制度探析》一文中探讨了专家辅助人制度的运行规则、权利义务配置以及配套制度的构建问题。邹海燕、鲁涤也在发表的《论我国设立专家辅助人制度的必要性》一文中指出，专家辅助人的资格应该通过立法形式加以规制，对于其参与诉讼活动的具体程序也要通过庭前证据开示等制度设计加以明确。笔者建议，对专家辅助人的选任、职责以及权利义务内容进一步细化，从而保障专家辅助人制度有效运行；在程序性问题上，笔者建议以明确的程序规范约束专家辅助人制度的启动机制，以审判为中心的诉讼制度改革思路指导专家辅助人出庭的程序设计与细节规定，进一步提高专家辅助人在诉讼过程中的参与程度，并构建专家辅助人参诉制度的救济机制和程序性法律后果，提高制度在实践运行中的可操作性；在保障性问题上，根据专家辅助人参与刑事诉讼的程序运行的先后顺序，构建起证据开示制度、交叉询问制度、专家辅助人意见采纳制度等配套机制。

笔者认为，当前我国构建与完善专家群体参与刑事诉讼制度的当务之急在于，立足于我国现行刑事立法，顺应司法发展规律，把握两大法系专家参诉制度的发展走向，理论上廓清专家辅助人的诉讼地位及与鉴定人之间的相互关系，探索实践中制度运行的困境，一起为制度的重塑提供合理的建议。

不难预见，专家群体参与诉讼制度作为一项后起制度在未来司法实践中将会面临批量适用的情形，尤其在一些涉及复杂的专门性问题的案件中，专家群体参与诉讼不限于认定专业问题的功能，而且在程序上还具有吸收不满的功能以及充分保障权利的作用，可以帮助法官更为准确地理解专门性问题，科学地解决案件涉及的的专业技术问题。因此，研究与探索专家群体合理参与诉讼制度是司法现实解决法律问题缠裹科学的期盼，更是创新司法制度改革的一项重要内容。[①]

① 郭华:《专家辅助人制度的中国模式》，经济科学出版社 2015 年版，第 11 页。

规则之下“权力的游戏”
——对“万宝事件”的评析

张　奇*

一切正义都来自上帝，唯有上帝才是正义的根源；但是如果我们当真能在这种高度上接受正义的话，我们既不需要政府，也不需要法律了。

——卢梭①

近年来，美剧《权力的游戏》可以说是蜚声国际，在美国作家马丁老爷子所构想的维斯特洛大陆上，各方割据势力围绕着整个王国的权利中心——铁王座展开了角逐，明争暗斗、合纵连横层出不穷，整个大陆波谲云诡。2015年下半年以来，在中国资本市场上，同样有这么一起事件引人瞩目，便是万科管理层、宝能系、安邦系、华润、深铁以及近期加入的恒大系等各方“势力”在证券二级市场上围绕着万科控制权上演的“列王的纷争”。这一幕大戏的上演牵动了资本市场敏感脆弱的神经，这出大戏何时落幕还不得而知，结局是好是坏、是恩是仇、是和解还是冲突暂时还不得而知，但事件本身却考验了我国现有公司、证券、金融等领域的法律规则与制度，也考验了我国行政机关、司法机构、社会公众对于市场法治的基本价值的理解。

---

* 张奇，中国社会科学院研究生院博士研究生。

① ［法］卢梭:《社会契约论》，何兆武译，商务印书馆2003年版，第45页。

一　万科控制权引发的“列王的纷争”

时间转回 2015 年 7 月初，中国股市在经历了一波并不太长的“牛市”之后，在内外综合影响下股市大跌，连续多个交易日的“千股跌停”。就在这样的大背景下，万科董事会于 7 月 7 日宣布鉴于近期 A 股市场的剧烈波动，为稳定股价准备实施百亿回购计划，计划在 A 股市场以每股不超过 13.7 元的价格在人民币 100 亿元以内实施股份回购。与此同时，前海人寿耗资约 79.45 亿元，以每股 13.28 元至 15.47 元的价格在 A 股市场上买入万科 A5.53 亿股，占万科总股份的 5%，达到举牌线（举牌线：一般指投资人在证券市场的二级市场上收购的流通股份超过该股票已发行股本的一定数量时，必须马上通知该上市公司、证券交易所和证券监督管理机构，在证券监督管理机构指定的报刊上进行公告，以及履行其他法律义务。根据我国法律的规定，5% 及其整数倍为举牌线）。由此，万科 A 在 A 股市场却成为为数不多的坚挺者，也正是因为万科 A 股价一枝独秀地频频逆市上扬，万科董事会准备实施的股份回购计划近乎于流产，这也为之后的宝能与万科管理层围绕着万科控制权斗争埋下隐患。

7 月 24 日，前海人寿及其一致行动人（一致行动人：根据我国证券法律法规，指通过协议、合作、关联方关系等合法途径扩大其对一个上市公司股份的控制比例，或者巩固期对上市公司的控制地位，在形式上市公司表决权时采取相同意思表示的两个以上的自然人、法人或者其他组织）钜盛华对万科二度举牌，再次买入 5% 的万科股份。前海人寿与钜盛华具有股权关联关系，其关系如图 1，并且实际控制人为姚宝华所绝对控股的深圳市宝能投资集团有限公司，所以，媒体将前海人寿与钜盛华称为“宝能系”。

8 月 14 日，规模达 20 亿元的德赢 1 号资产管理计划（以下简称资管计划）即为“招商财富—招商银行—德赢 1 号专项资产管理计划”成立，德赢资管计划的劣后级出资方为万科企业股中心，也正是金鹏资管计划的最终控制主体，而盈安合伙也就是金鹏资管计划的劣后级委托人则为德赢资管计划的优先级委托人提供连带责任担保。2014 年为留住人才，万科推出事业合伙人计划，在集团层面建立一个合伙人持股计划，即股票机制，大约两百多

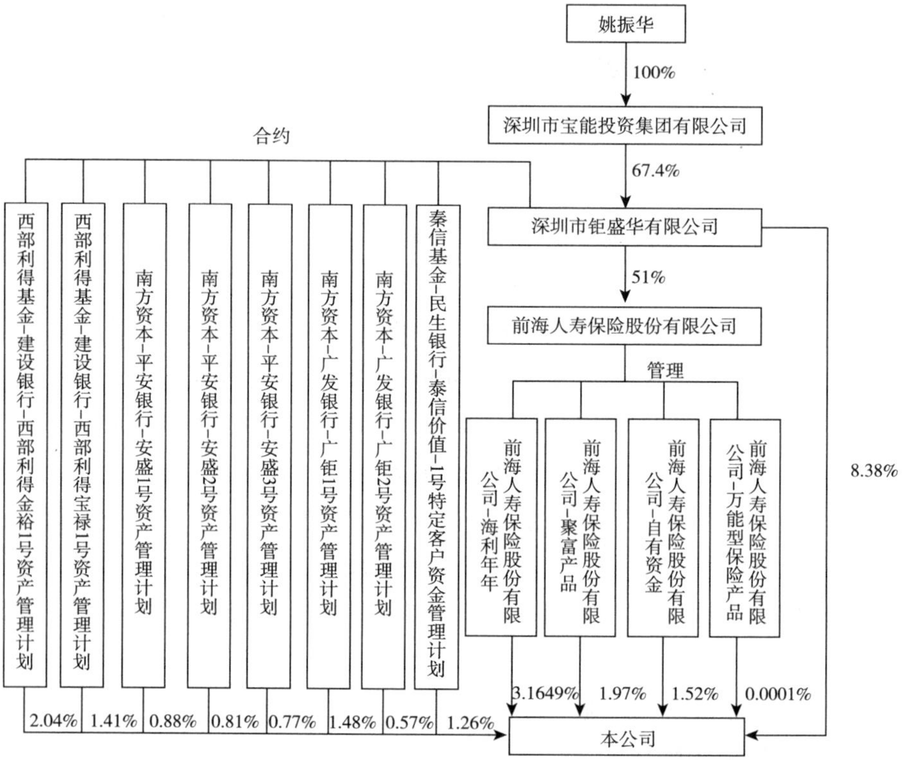

图 1　截至 2015 年 12 月 31 日，“宝能系”股权及对万科持股情况

人的经济利润奖金获得者将成为万科集团的合伙人，共同持有万科的股票，此后成立名为盈安合伙的有限合作企业，以代表万科的 1320 名事业合伙人。盈安合伙成立之后，迅速成立金鹏资管计划，斥资购入万科股票，颇有与宝能系抢筹的意味。一方面是企业回购的停滞，另一方面却是与管理层密切关联的资管计划不断低价增持，德赢计划饱受诟病，是否涉及违法违规引发热议。而面对宝能系的咄咄之势，8 月 17 日，在万科中期业绩说明会上，万科总裁郁亮表示“欢迎认可万科的投资者”。

8 月 26 日，前海人寿及其一致行动人钜盛华对万科再度举牌，在二级市场再次买入万科 5.04% 的股份，共持有万科股份 15.04%，超过大股东华润，成为万科最大股东。此前华润对于万科的持股比为 14.89%。

2015 年 9 月 1 日，华润耗资 4.97 亿元两次增持，共持有万科 A 股 15.23% 股份，重新夺回万科的大股东之位。

2015 年 11 月 27 日至 12 月 4 日，钜盛华及其一致行动人再次买入万科

5.49亿股，合计持有万科股票约22.1亿股，占总股本的20.008%，大幅度超越华润对万科的持股比，再次取代华润成为万科第一大股东，至此“宝能系”欲控股万科的想法已是“司马昭之心——路人皆知”。

2015年12月7日，安邦保险杀入，安邦人寿保险股份有限公司、安邦财产保险股份有限公司、和谐健康保险股份有限公司和安邦养老保险股份有限公司分别持有万科2.58%、1.38%、0.8%和0.24%股份从而举牌万科，共持有万科股份约占万科总股本的5%。

2015年，12月10日和11日宝能系继续增持万科，持股比例已达到22.45%。2015年12月10日深交所公司管理部向钜盛华发出“关注函”，要求钜盛华说明借道资管计划入股万科A的资金来源、信披程序等问题，并令其4日之内亦即12月14日之前给出答复。2015年12月15日，针对深交所询问第四次举牌万科的资金来源等事宜，钜盛华回应称是以3倍杠杆取得万科4.97%股份的表决权。高杠杆融资平仓风险突显，引发市场担忧。

与此同时，安邦保险也在积极增持万科股份，于2015年12月16日和17日，增持1.28亿股，持股比例达到7.01%。安邦是否宝能系的一致行动人抑或只是单纯的财务投资者，安邦的图谋何在，一时之间引发市场浮想联翩。因为自2014年保监会修改险企运用保险资金规定以来，安邦保险便在证券市场上频频出手，仅在地产行业就收购了金融街控股股权、成为金地集团的第二大股东、成为远洋地产的第一大股东等。但可以确定的是，安邦的异军突起，既搅浑了市场，也为宝能系与万科管理层的腾挪留下空间。

2015年12月17日，万科董事长王石用“不欢迎”三个字明确表达了对“宝能系”欲控股万科的态度。宝能集团随后发表声明回应称“尊重规则，相信市场的力量”。随着各方的态度的明确，宝能系作为“门口的野蛮人”（门口的野蛮人：起源于布莱恩·伯勒的《门口的野蛮人》一书，用以形容不怀好意的收购者）与万科管理层关于控制权的争斗也正式浮出水面，被媒体称为“万宝之争”。万科管理层认为宝能系商业信用较低，不适宜成为万科控股股东。而市场也对于宝能系使用杠杆融资产生担忧情绪，保监会也发文强调险资在二级市场举牌应明确资金来源，宝能回应称“从未过度使用杠杆融资”。

面对宝能这个“门口的野蛮人”的进攻，以王石为首的万科管理层准备实施“白衣骑士”策略（白衣骑士策略，是指在恶意并购发生时，上市公司寻求友好人士或公司作为第三方与并购者竞价或稀释并购者股权比重以解救上市公司）。12 月 18 日，万科 A 午间发公告称，因正在筹划股份发行用于重大资产重组及收购资产，股票从下午开市起停牌。因为万科在 A 股与 H 股先后上市，而两市的停牌规则并不一致，因而万科 H 并未停牌。钜盛华及前海人寿继续举牌万科，截至 2015 年 12 月 24 日，合计持有万科 24.26% 的权益。安邦保险也继续增持，截至 2015 年 12 月 31 日，合计持有万科总股份 6.18%（编者注：较多媒体根据港交所公告将该数据写为 7.01%，因万科为 A+H 股，H 股占总股本的 12%，因此计算持 H 股与总股本比例时应当乘以系数 0.88，因此安邦系此时持有的万科股份应当为 6.18%）。

2015 年 12 月 29 日，深交所发函问询被称为在“宝万之争”中，王石隐藏的底牌的“金鹏资管计划”和“德赢资管计划”。“金鹏资管计划”和“德赢资管计划”实际持有万科 7.79% 股权，涉及资金 60 亿元，资金来源成谜。该两资管计划与万科管理层存在关联关系，对此万科未作披露。万科在回函中称，以该两资管计划管理人各自自主行使投票表决权为由，认定这两资管计划不存在一致行动人关系，德赢资产计划的投资决策权由优先级委托人招商银行和劣后级委托人深圳市万科企业股资产管理中心共同拥有，但招商财富自主行使德赢计划项下股票相关的提案权、表决权，不受委托人的控制。

2016 年 3 月 13 日，万科公告称，已经于 3 月 12 日与深圳市地铁集团有限公司签署了一份合作备忘录，收购标的初步预计交易对价介于人民币 400 亿 ~ 600 亿元之间，万科拟主要以定向增发股份的方式支付对价。华润发难称没有经过董事会讨论及决议通过。万科称尚未达成有法律效力的文件，暂不需要董事会决议通过。随后，万科 A 申请延期复牌。

2016 年 4 月 6 日，宝能系的钜盛华宣布与前海人寿签署表决权让渡协议，将其持有的万科股份所对应的表决权让渡给前海人寿。

经过长达半年多的等待，2016 年 6 月 17 日，万科发布公告称公司董事会以 1 票弃权、3 票反对、7 票赞成通过一项发行股票购买资产计划，该计划为拟以每股 15.88 元发行 28.72 亿股 A 股股份以购买深圳地铁集团持有的前海国际 100% 股权，初步交易价格为 456.13 亿元。如交易成功，深圳地铁集团将变成万科第一大股东，持股比例达 20.65%；“宝能系”持股比例由 24.26% 降为 19.27%，成为第二大股东；第三大股东华润持股比例，则将由 15.24% 降为 12.1%。

这一计划遭受宝能系的反对，称将大幅摊薄现有股东权益和上市公司收益；万科董事会未能均衡代表股东利益，独立董事丧失独立性，未能诚信履职；万科已实质成为内部人控制企业，并称将在股东会上继续行使表决。作为过去十年万科的大股东，华润方面与万科管理层基本一直相安无事，但此次华润方面也表示反对，实际上在万科董事会上，对这一计划投下否决票的 3 位董事即来自华润方面。华润称 7 张赞成票在 11 名董事中占比不足 2/3，因此决议并未通过。而万科则回应，7 张赞成票在进行投票的 10 名董事中占比超过的 2/3，决议通过。宝能更是提出罢免所有董事会成员的议案。这一寻求“白衣骑士”的计划本身的合理性、以及董事会决议的有效性、华润与宝能系是否形成一致行动人等问题一时之间引发坊间热议。

7 月 4 日，万科第一大自然人股东刘元生向证监会等七部委发举报信，质疑华润和宝能违反证券法律法规，实际上已合谋为一致行动人。同日，华润回应称刘元生举报信造谣，将追究其法律责任。同日，持有万科 A0.61% 股份的万科企业股份有限公司工会委员会向深圳市罗湖区人民法院起诉宝能，称宝能损害股东利益的诉讼。

万科复牌之后，连续两日的跌停使得市场对于使用了资金杠杆的宝能系充满担忧，如万科股票价格持续跌停，宝能系甚至有被平仓的风险。但宝能系仍然加码万科，2016 年 7 月 5 日、6 日宝能系通过资产管理计划在二级市场增持万科公司 A 股股份 7839.23 万股，占公司总股份的 0.710%，该次权益变动完成后，钜盛华及其一致行动人前海人寿持股上升至 25%。

7 月 19 日，万科通过公开信形式举报宝能系，称钜盛华通过 9 个资管计划购入万科股份，但未充分披露相关信息，表决权让渡不合法，可能导致资管计划优先级委托人利益受损。此举引发市场热议，举报内容也引发广泛讨论，但对于该事件的评价有待于事实的进一步明晰。同时，关于金鹏资管计划和德赢资管计划是否构成一致行动人，万科是否涉嫌重要事项未披露也引发了市场与学术界的进一步讨论。

就在纷争进入白热化之际，恒大突如其来的入局使得事件发展愈发扑朔迷离起来。2016 年 8 月 8 日晚间，恒大地产正式对外披露公告称，公司通过旗下 7 家投资子公司，于 2016 年 7 月 25 日至 8 月 8 日通过集中竞价方式合计买入了万科 A 约 5.52 亿股股份，持股占万科 A 总股本的 5%。恒大旗下的 7 家投资公司股权关系如图 2，被媒体称为“恒大系”。尽管恒大披露投资目的是看好万科公司，但此举实际意图不明。此后，恒大仍在少量增持，截至 2016 年 8 月 15 日，根据港交所披露的信息，恒大系已持股万科 6.82% 股份。

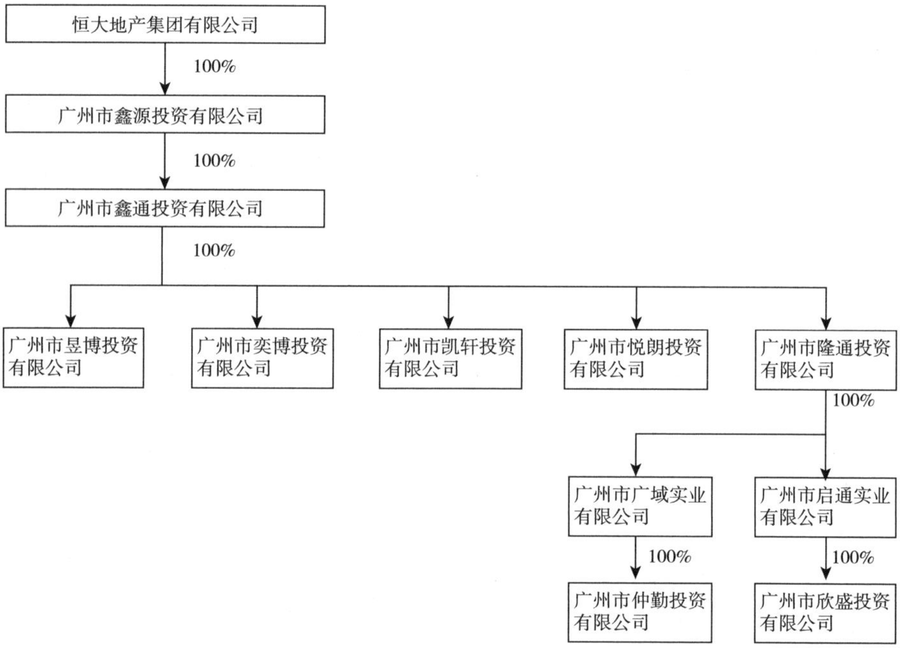

图 2 “恒大系”股权示意图

至此，在万科 A 的股权分布中，宝能系合计持股比例为 25.4%，华润持股比例为 15.23%，安邦系持股比例为 6.18%，被质疑与万科管理层密切关联的德赢资管计划持股比例约为 5%，万科管理层以盈安合伙持股比例为 4.14%，中证金公司持股比例为 2.99%。而恒大系则超越万科管理层和中证金的持股比例，跻身万科 A 的第四大股东。此后，恒大与安邦都悄然增持，资本市场的热闹远未结束，这一场“列王的纷争”也远未谢幕。

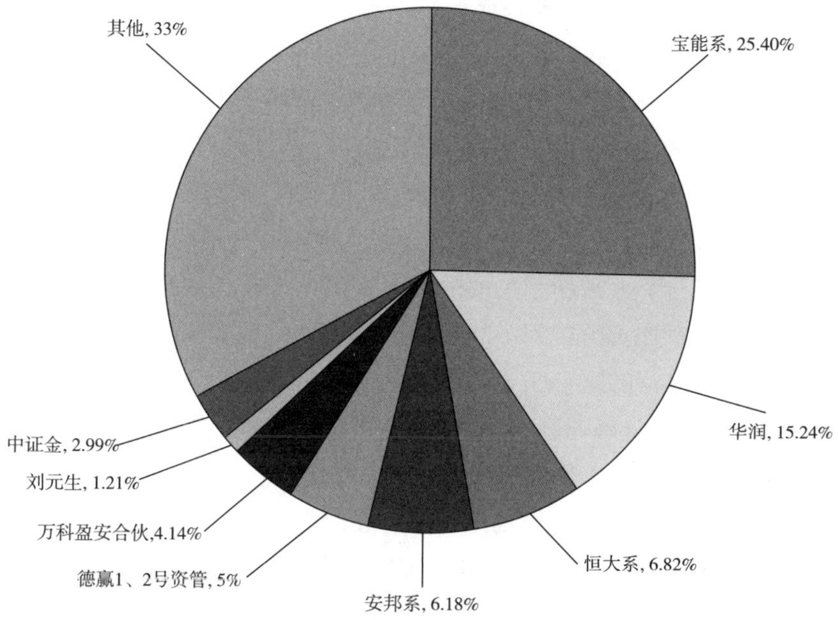

图 3　截至 2016 年 8 月 15 日，万科股权结构示意图

二　认识“万宝之争”——规则之下的市场

实际上，在 A 股市场，这已经不是万科第一次遭遇“野蛮人”了，也不是独有万科遭遇过“野蛮人”了。应该怎么认识这样的事件？

（一）常见的“野蛮人”事件

20 年多前，万科同样经历了一次野蛮人的突袭，被媒体称为“君万之争”，当时的情况甚至比今日更加扣人心弦。1993 年 5 月 28 日万科成功发行 B 股，君万证券是万科 B 股的承销商，由于社会对于有价证券认识不足、股价低迷，有 1000 万股成本价为 12 元的股份压在手里，为了抬升股价，君万选择了把股权结构分散的万科当作猎物。1994 年 3 月 30 日下午 3 时，君安证券宣布君安代表委托的四家股东——深圳新一代企业有限公司、海南证券公司、香港俊山投资有限公司和创益投资有限公司（四公司共持有万科总股份的 10.73%）发起《告万科企业股份有限公司全体股东书》，意图代表中小股东实现万科的重组与对万科控制权的争夺。事先毫无征兆的突袭犹如急风骤雨一般考验着以王石为首的万科管理层对公司的控制力度。“攘外须安内”，王石首先联系公司董事会成员，寻求大多数董事的支持。继而果断关闭单方面战场、宣布停牌，避免在二级市场继续给对方以筹码，也有利于市场消化消息，争取中小股东的支持。“堡垒从来都是从内部突破的容易”，毫无疑问王石也深谙这一点，王石的反击也是以此展开，首先以个人关系挑起大股东新一代对君安证券联盟的“背叛”，再从蛛丝马迹中搜集君安联盟内建“老鼠仓”（老鼠仓：一般指在证券市场庄家在用公有资金拉升股价之前，先用自己个人或与个人密切相关的的资金在低位建仓，待用公有资金拉升到高位后个人仓位率先卖出获利）的证据，最后争取海南证券的支持，对君安以致命一击，彻底瓦解这一联盟。来势汹汹的君安逼宫事件在短短几天内被平息。王石在若干年也以胜利者的姿态著书记录此事，当时气氛的紧张以及气氛紧迫在书中还是可以得以一窥的。

近些年来，在中国证券市场上，已经相继有不少公司遭遇了“野蛮人”，引发热议的如金地集团。金地集团是 A 股上市公司，也是龙头房地产企业，在上市后大股东福田投资既不增持也不坚持的态度下，经过一轮轮的股本融资，金地集团形成了股权高度分散的股权结构，在公司治理结构上形成“强董事、弱股东”的状况。为了防范恶意收购，金地公司章程第八十二条规定，“单独或者合计持有公司 10% 以上股份且持有时间在一年以上的股东、上届董事会五名以上董事可联名提名下一届董事会非独立董事候选人”，同时第九十七条规定，“为保持公司重大经营政策的连续性，董事会换届时所更换、增加的董事数额总计不得超过上届董事会董事名额的三分之一”。这些条款的规定为外部股东“侵入”公司管理层设立了较高的门槛与交易成本。这本身受公司法的保护，因为我国公司法规定，股东大会选举董事、监事，可以依照公司章程的规定或者股东大会的决议，实行累积投票制，累积投票制，是指股东大会选举董事或者监事时，每一股份拥有与应选董事或者监事人数相同的表决权，股东拥有的表决权可以集中使用。而修改公司章程又殊为不易，我国公司法规定，股东出席股东大会会议，所持每一股份有一表决权，股东大会作出决议，必须经出席会议的股东所持表决权过半数通过，但是，股东大会作出修改公司章程、增加或者减少注册资本的决议，以及公司合并、分立、解散或者变更公司形式的决议，必须经出席会议的股东所持表决权的 2/3 以上通过。但即使这样，也依旧未能打消“野蛮人”的觊觎。在 2013 年时大股东福田投资仅拥有不到 8% 的股份。生命人寿、安邦保险先后频频举牌，先后拥有金地集团 29.9% 股权和 20% 股权，遥遥领先于公司原先大股东福田投资不到 8% 的股份。为了在一定程度上麻痹金地管理层以及福田投资，生命人寿甚至一度“明修栈道、暗渡陈仓”，将一部分表决权授予福田投资，也表态要做纯粹财务投资者，在持股大举超越原第一大股东的目的实现后，则露出獠牙，利用股东大会对公司的经营与管理频频发声，谋求对金地控制权的争夺。

其实资本市场上演类似的案例已经不胜枚举，尤其近些年如 A 股上市公司南宁百货、金融街、廊坊发展等等公司纷纷遭遇野蛮人突袭。成功狙击野蛮人的例子在资本市场也不鲜见。2005 年，新浪公司也是因为股权较为分散从而引起当时中国内地首富盛大陈天桥的注意，陈天桥就企图以二级市场收购股份的形式收购当时作为第一门户网站的新浪公司，在盛大同其控股股东地平线媒体成功收购了近 20% 的股票时，新浪明确表态不欢迎，并宣布实施“毒丸计划”（毒丸计划：即股权摊薄反收购措施，当公司遭遇恶意收购时，公司为了保住自己的控股权，就会大量低价增发新股，目的在于摊薄股权，让收购方手中的股票占比下降，增大收购成本以阻碍收购方继续增持以实现控制权争夺的目的）。最终，陈天桥弹药不足只能无奈选择放弃。

毫无疑问，不论是生命人寿和安邦保险对于金地的举牌还是陈天桥对于新浪的企图，以及这次闹的沸沸扬扬的“万宝之争”，都曾引起了市场上和学术界的广泛热议。怎样认识此类并购行为，怎样认识万宝之争？正如证监会发言人张晓军表示在依法合规的前提下，证监会不会干预“万宝之争”，但高度关注该事，关注上市公司、收购人等信息披露义务人在上市公司收购中应当依法履行信息披露义务，上市公司董事会对收购所作出的决策及采取的措施，应当有利于维护公司及其股东的利益。证监会的这一表态是非常谨慎与符合法治精神的，因为市场经济首先是法治经济，市场行为应当在规则之下，规则之下的市场行为是应当被尊重的，具体对于收购行为而言要符合证券法规，依法及时披露信息；对于被收购公司董事会而言，决策要维护股东利益。

（二）市场各方的行为规则

对于万科而言，本次事件中较为引起争议的就是金鹏资管计划与德赢资管计划是否被万科管理层实际控制，是否构成管理关系而未被披露。尽管持股接近10%的两个资管计划很有可能成为王石翻盘的最后底牌，但有学者详细考证了金鹏资管计划与德赢资管计划的关联关系，如果属实，即使王石翻盘但是其行为方式也是不能被接受的。是否存在在股价低迷时期，公司故意不抬升股价而让管理层控制的资管计划低价吸筹应当被进一步调查。同时，其独立董事是否发挥监督、独立决策的作用也值得进一步讨论，如部分董事在提出辞职之后，因公司法及公司章程的原因还要履行职责，但是否在决策之前对计划进行了认真分析、独立的判断都存在争议，这依赖于事实的明晰与认定。

对于收购方而言，最为重要的是信息的及时披露，包括一致行动人情况、资金的来源等。2008年颁布的《上市公司收购管理办法》规定，通过证券交易所的证券交易，投资者及其一致行动人拥有权益的股份达到一个上市公司已发行股份的5%时，应当在该事实发生之日起3日内编制权益变动报告书，向中国证监会、证券交易所提交书面报告，抄报上市公司所在地的中国证监会派出机构，通知上市公司，并予以公告；在上述期限内，不得再行买卖该上市公司的股票。保监会2015年12月发布的《保险公司资金运用信息披露准则第3号：举牌上市公司股票》也规定，险资举牌上市公司要求应当及时披露一致行动人情况、举牌公司情况、自身保险产品情况、投资公司股票与上季末总资产比例等。保监会副主席周延礼在2016年夏季达沃斯论坛上也表示，对于险资举牌房产行业，保监会要求险资要做好信披，包括资金来源以及举牌目的，具体到宝万事件，要看收购方宝能系资金运作是否违法等。有学者就说，英雄可以不问出处，但宝能要说明资金来路。

（三）监管层的监管规则

随着万科第一大自然人股东刘元生的举报以及万科的举报信的流传，万宝之争所涉及的法律内容从证券法、公司法领域上升至证券监管领域。对于这样的一个引发广泛关注的事件，监管层是否应该监管？应当以怎样的方式进行监管呢？在回答这个问题之前，首先应该了解资本市场监管的特点。众所周知，黑格尔的猫头鹰总是在傍晚起飞对大地进行巡视，法律规则作为认识的总结来源于实践、落后于实践，因而法律规则总具有一定的滞后性。在迅速发展的资本市场更是如此，金融创不断发生、金融衍生品层出不穷，资本市场的规制规则从一开始就有“头痛医头、脚痛医脚”的特点。资本市场的规则不得不允许在基本条件下的先做后评估与规制。既有的规则总是不足以覆盖所有新情形，但规则设定时通常会留出自由裁量的空间给监管部门。这也就倒逼着监管部门的监管行为不得不具备积极规制的特点。

而我国监管部门的监管也具有这样的特点，由于资本市场的法律体系并不完善，我国监管部门不仅仅是行政执法机关，还是立法机关，因为资本市场的规则除了少数基本性法律之外就充斥了大量监管部门自身出台的规则，而这些规则之中还存在大量自由裁量和兜底条款，这就极大的扩张了自身的权力，因而诉讼在资本市场并不是特别活跃的救济手段。其次，我国资本市场监管主体支离破碎，政出多头，“九龙治海”，有证监会、银监会、保监会、国资委、各地方证监局、证券投资基金业协会、保险业协会、上交所、深交所、香港联交所等等，资本市场的监管各管一段，很有可能出现诸如资金池在银行、证券、信托业被禁止，但在保险行业却依然存在的现象。因而，政策之下的市场主体之间的力量不均等很可能出现，将对整个资本市场造成不利影响。更为重要的是，由于市场规则的不完善，监管部门本身就具有积极监管的权力与义务，这并不意味着干涉资本市场的发展，而是迅速调查回应可能导致资本市场出现不利状况的事件。如舆论热议的双方资管计划是否是通道业务、是否构成内部交易或关联交易，信托、险资、资管计划所购入股份是否具有相应的表决权等问题，证券监督部门应当有担当、有作为，及时作出回应，否则就会背离权责统一的原则，也会饱受指责。

三 “货币资本”与“人力资本”——公司股权与治理结构

毫无疑问，现在可以说是一个资本为王的时代，谁握有更多的资本谁就在市场拥有更多的话语权。在所有权与控制权、经营权分离的现代公司中，公司法律首先遇到的一个重要问题是如何平衡“货币资本”与“人力资本”的关系，即以怎样的态度来面对股东会议与董事会的关系、以怎样的方式对待所有权与控制权经营权的分离。

（一）公司治理的基本结构与制度

公司的健康发展，缺少不了货币资本与人力资本的协调，但是也要在一定层面引导人力资本对于货币资本的积极作用。在现代社会中，随着专业的分工与职业经理人的发展，所有权和经营权的分离愈发成为现代公司的基本状况，为了实现这种相互合作、相互制约的关系，为了实现这种委托代理关系的效率最大化，现代公司形成股东大会、董事会、监事会的治理结构，一般通过章程的形式来予以规定。我国公司法就规定，设立公司必须依法制定公司章程，公司章程对公司、股东、董事、监事、高级管理人员具有约束力。股东是公司的出资者，拥有受法律保护的权利。我国公司法规定，股东有权查阅公司章程、股东名册、公司债券存根、股东大会会议记录、董事会会议决议、监事会会议决议、财务会计报告，对公司的经营提出建议或者质询。股东大会是公司的权力机构，对于股份有限公司而言，股东大会应当一年召开一次，由董事会召集，在董事人数不足本法规定人数或者公司章程所定人数的 2/3 时；公司未弥补的亏损达实收股本总额 1/3 时；单独或者合计持有公司百分之十以上股份的股东请求时；董事会认为必要时；监事会提议召开时；公司章程规定的其他情形时应当召开临时股东会，股东会享有以下职权：决定公司的经营方针和投资计划；选举和更换非由职工代表担任的董事、监事，决定有关董事、监事的报酬事项；审议批准董事会的报告；审议批准监事会或者监事的报告；审议批准公司的年度财务预算方案、决算方案；审议批准公司的利润分配方案和弥补亏损方案；对公司增加或者减少注册资本作出决议；对发行公司债券作出决议；对公司合并、分立、解散、清算或者变更公司形式作出决议；修改公司章程；公司章程规定的其他职权。公司董事会负责日常经营决策，董事任期由公司章程规定，但每届任期不得超过 3 年，董事任期届满，连选可以连任。董事会对股东会负责，行使下列职权：召集股东会会议，并向股东会报告工作；执行股东会的决议；决定公司的经营计划和投资方案；制订公司的年度财务预算方案、决算方案；制订公司的利润分配方案和弥补亏损方案；制订公司增加或者减少注册资本以及发行公司债券的方案；制订公司合并、分立、解散或者变更公司形式的方案；决定公司内部管理机构的设置；决定聘任或者解聘公司经理及其报酬事项，并根据经理的提名决定聘任或者解聘公司副经理、财务负责人及其报酬事项；制定公司的基本管理制度；公司章程规定的其他职权。监事可以列席董事会会议，并对董事会决议事项提出质询或者建议。监事会、不设监事会的公司的监事行使下列职权：检查公司财务；对董事、高级管理人员执行公司职务的行为进行监督，对违反法律、行政法规、公司章程或者股东会决议的董事、高级管理人员提出罢免的建议；当董事、高级管理人员的行为损害公司的利益时，要求董事、高级管理人员予以纠正；提议召开临时股东会会议，在董事会不履行本法规定的召集和主持股东会会议职责时召集和主持股东会会议；向股东会会议提出提案；对董事、高级管理人员提起诉讼；公司章程规定的其他职权。

除此之外，独立董事（独立董事：独立于公司股东且不在公司内部任职，并与公司或公司经营管理者没有重要的业务联系或专业联系，并对公司食物作出独立判断的董事）制度也是现代公司一项制度，其目的在于防止控制股东及管理层的内部控制，损害公司的整体利益。20世纪六七十年代以来，西方国家的大众公司股权日趋分散，董事会逐渐被以CEO为首的管理人员控制，以至于对高级管理人员的监督难以发挥实效，内部控制问题严重。同时，监事会制度往往带来自我监督的问题，权力难以实现有效的制衡。在这样的背景下，西方国家在理论和立法上推进了独立董事制度的演进。独立董事要求独立于公司，对上市公司及全体股东负有诚信义务与勤勉义务。我国公司法明确也规定了独立董事制度，在实践中对于上市公司也建立了独立董事培训机制。

“没有救济就没有权利”，救济措施是权利得以保障的充分条件。在美国大萧条时期，整个国家都股市的风险与震荡所震惊了，没过证据市场开始坚持保护投资者的理念。由此，在西方国家，有一项重要的诉讼制度——集体诉讼逐渐发达。集体诉讼是指多数成员因彼此具有共同利益，因人数过多而无法全体进行诉讼，得由其中一人或数人为全体利益进行诉讼。通过集体诉讼，往往占上市公司股东大多数人数但不掌握公司控制权的中小股东，可以同时代表其他尚未正式参与案件的股东，对公司或公司高管侵害其利益的行为进行指控并获得赔偿。我国目前暂未出台中小股东集体诉讼制度，在证券市场，中小股东合法权利的保护往往乏力。

股东大会、董事会、监事会治理结构的形成，并不意味着公司治理结构的完善，关键在于健康有效的执行。当公司长期被内部人控制时，监事会很有可能形同虚设，董事会也有损害股东的利益，股东会的“最高权力”很有可能落空，对于上市公司而言，最终蒙受损失的只能是中小股东。我国公司之所以较少出现所有者和经营者关于公司控制权的争夺，并不在于我国公司形成了较高水平的公司治理结构，而是我国职业经理人制度相对不发达，公司所有者一般都是公司经营者。万科是一个例外，在长期的发展中，以王石为核心的管理层放弃了对公司的控股，依靠并不谋求控制权的国有资本作为大股东而实现管理层对于公司的控制。王石也一直标榜这种万科文化与万科精神。但在此次“万宝之争”中，这一模式的弊端显露无疑，很难抵御野蛮人入侵，尤其是出现了万科董事会拒绝已经占股超过10%的宝能提出召开临时股东会的提议，这是有违公司法的做法，这也落得万科成为内部人控制企业的指责。为什么公司董事会如此在意公司控制权？第一是经济利益。不仅仅在于同时是股东的管理层可能可以更好地实现公司的长期发展。还存在类似于美国封闭公司的“事实股利”的行为。在美国由于受到美国税收政策的影响，公司利益向股东的输送主要通过工资报酬而非股利的方式进行，这是由于工资报酬可以在公司纳税前进行扣除，只需在股东层面纳税，而股利是不能在公司纳税前扣除的，因此也就意味着双重征税。通过工资、报酬、补贴等形式从公司流向股东的利益，被学者称为“事实股利”。另一方面，被公司雇佣也是很多封闭公司的股东投资时的一个利益考量因素，并非像在其他类型公司中那样作为一个独立的关系而存在。很多公司在发展中推行股权激励计划，管理层也是公司股东，对于公司的控制，更意味着可以更好实现“事实股利”。第二是社会考量。持股自然人与董事局主席有着不一样的政治待遇与社会评价。现代公司法理念更多接受董事具有独特的权利义务与职责，因此董事与股东享受并不一样的政治待遇也是可以理解的。

（二）治理结构的创新与优化

市场也不是没有一些公司治理结构的创新。如阿里在这方面就走在市场前端，推行合伙人制度，基本内容是在公司章程中设置的提名董事人选的特殊条款，即由一批被称作“合伙人”的人，来提名董事会中的大多数董事人选，而不是按照持有股份比例分配董事提名权（合伙制的法律规定）。需要注意的是，阿里所称的“合伙人”权责是有限的，他们并不能直接任命董事；所提名的董事，仍须经过股东会投票通过才获任命，但是如果股东会不通过，“合伙人”可以一直提名。合伙人的更新来自于自我更新，推选新的合伙人需得到所有合伙人75%的投票支持，而罢免合伙人则需要得到所有合伙人51%的投票支持。该制度确实能相对有效协调股东大会与董事会之间的矛盾。因为根据现代公司法理论与理念，应当是股东大会具有最高权力、董事会是执行机关，但事实上很多公司是董事会控制了公司，股东会实际上不可能行使对于公司的管理权。现代公司法便以此为基础展开，包括著名的商业判断规则，都是以此为基础展开的，衡平法股东与董事之间的风险与利益。如英国公司法改革中就通过提高股东表决权行使的效率、强化股东在公司治理中的积极作用，整合并重述董事的责任。而阿里“合伙人”制度因为合伙人一方面是股东、另一方面是被认为是公司文化的创造者、信仰者，由其来进行公司董事的提名，可以更好地协调股东会与董事会之间的信任关系，更好地实现公司的稳定。

在西方国家，双重股权结构则是一个并不是新鲜事物，即区分优级股与普通股，优先股一般具有数倍于普通股的投票权，以谋求少数人对公司具有强大的控制能力，这本身是为美国登国公司法所允许的制度。例如，伯克希尔·哈撒韦公司（Berkshire Hathaway）、谷歌公司（google）、facebook、百度都采用这一股权架构。相比于一般职业经理人，创始人作为管理人员往往更重视公司的长远发展。数据也证明这一点，美国有学者通过对纳斯达克上市公司的样本分析，发现美国的双重股权公司在规模和寿命方面比单一制股权公司长。同时，出于关于控制人谋取个人经济利益、为了公司创建人的个人效用、防止恶意收购等方面考虑，也可能采用双重股权制。双重股权制中的优级股股东对于公司的日常运营、战略决策都有着较大影响。

同时，独立董事应当承担勤勉义务，对董事会决策做出独立判断。就万科独立董事而言，万科做出的“白衣骑士”战略计划获得独立董事一边倒判断，也引发了市场对于万科独立董事不独立的质疑。同时，也部分独立董事已经提出辞职，但由于公司法以及公司章程原因不得不继续履行职责，在决策判断中是否履行了勤勉义务也值得讨论。独立董事不发挥应有监督、决策职责将直接导致独立董事制度成为橡皮图章，毫无作为。另外，对于万科而言，饱受质疑的是在业绩一片大好之时，仍然提取较高资本公积、少分红，中小股东难以在资本市场获益。而现有法律有不支持中小股东的利益诉求。这在我国证券市场是一种较为常见的事，上市公司不能给投资者回报，资本市场主要靠博价差获得收益，而不是靠分红获得收益，因而资本市场长期难以发挥资源市场化配置的作用。

就我国法律来看，如何从法律上来保障公司的稳定？首先在于建立透明的市场体系和具有强大威慑力的法律规则体系，以及对应的规范的公司治理机制。完善的市场和法律环境下，大股东不必担心会失去大股东地位，因为即使失去大股东地位，也不会损失权益；独立董事不用担心因自身的独立、负责任的行为而遭受威胁；内部管理层也不用担心因不掌握控制权而失去经营权。他们只有一个担忧，那就是，如果由于自己的不尽职、乱作为或违规而导致企业受损，那么，他们或者被市场淘汰，或者被法律严厉惩处。其次在于认可与拓展公司的内部自治，如双重股权等。公司法的产生与性质决定了公司法关注的只能是公司组织结构、利益平衡的问题，体现不出公司企业文化层次的需求。根据公司法的理念，对于公开公司，公司法更多的应当是关注加强监管，建立完善的信息披露制度等等防止损害股民利益。对于公司内部在基础机构之外的划分应当是属于公司的自治空间。正如我国对于 VIE 有着长达 10 多年的模糊认识与法律缺位，对于阿里“合伙人”制，我们的法律也不一定要立即介入，不妨先让其自治。正如朱苏力教授认为:“除了经济以外，改革创新本身也会带来社会的复杂性，特别是技术问题。法律不可能靠规则本身解决问题，一定要深入到各行业非常细致的问题，比如互联网或者保险业，都会慢慢形成它的规则。法律人现在获得的法学教育，或者法律本身，都缺少对于这些部门本身规则的理解，因此去干预的话不一定很恰当，而如果不干预，站在外面，法律又不可能作为一个制度发挥作用。”最后是一定要建立完善的救济措施，如美国《联邦民事诉讼规则》中就有专门的集体诉讼和索赔制度，这一制度被广泛使用于中小投资者权益保护中。我国也应当及时出台相关法律，提高违法成本，确保中小股东权利得到有效保障。

四　“金融资本”与“产业资本”——险资的监管

其实在今年的证券市场，犹如宝能系突袭万科的事件频频发生，仅在 A 股市场，仅仅是险资便出演了一幕幕资本大戏，著名的有恒大系、宝能系、安邦系等，如图 4 所示。

（一）万科何以成为金融资本眼中的金饽饽

为什么是万科？在分析这个问题之前，我们可以看在 1988 年私募基金 KKR 公司对美国第二大烟草公司 RJR 纳贝斯克的收购，这是资本市场中“门口的野蛮人”入袭成功最经典的一役。事件的起因是作为“屋里人”的公司 CEO 罗斯企图以较低价格私有化公司以便更好控制公司，这引发了公司董事会、股东以及舆论的不满，因为当时的 RJR 纳贝斯克现金流较为稳定，呈现稳定的不受经济周期影响的增长，被认为企业价值在股票市场被大大低

七大保险举牌情况

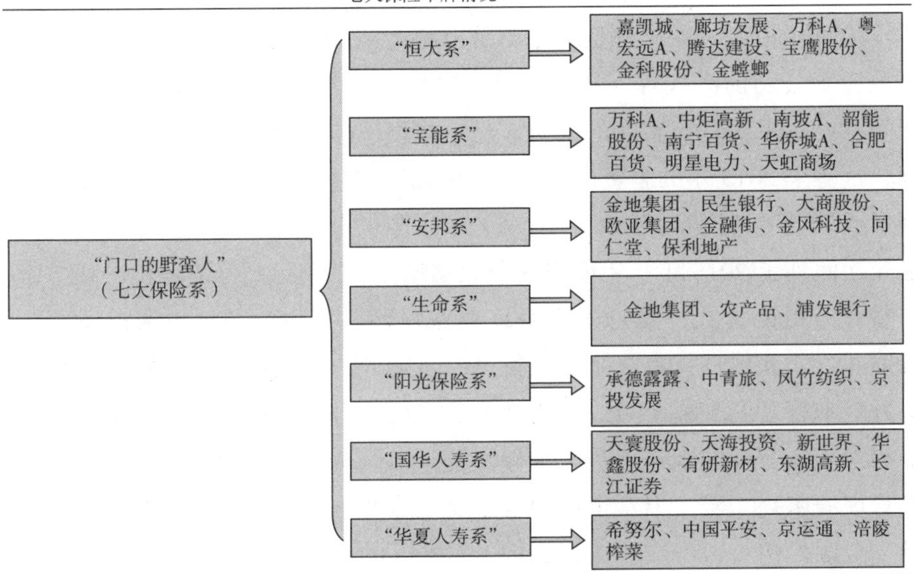

图 4　七大保险系在 A 股市场的资本大戏

估。私募基金 KKR 公司则趁虚而入，利用少量自有资金，充分利用保险资金与银行借款，以垃圾债券（垃圾债券：Junk bond，高风险债券，指信用评级较低、风险大、投资保障低但利息高的债券）方式筹集资金，高杠杆收购了 RJR 纳贝斯克公司。事后 KKR 对标的公司进行了重组拆售，除了 KKR 等金融资本大赚特赚了一笔之外，标的公司则一蹶不振。在这样的例子中，我们看到金融资本对产业资本的收购，并不意味着产业资本可能得到更好的发展，相反，很有可能仅仅成为金融资本发展的垫脚石。为什么是 RJR 纳贝斯克？因为 RJR 纳贝斯克的资产回报率占优，现金流稳定。万科也具有这样的特点，第一是万科具有优质的资产、充足的现金流根据万科 A 的 2015 年年报，其于 2015 年末总资产超过 6112 亿元，2015 年度销售商品、提供劳务、收到的现金共超过 1919 亿元；第二是其在刚被举牌时的股价相对于 A 股整体而言并不高，市盈率低；第三是股权分散，举牌成本相对较低。因而成为金融资本眼中的“香饽饽”，即可以实现稳定增值，也可以带来资金回报，更为重要的是对于一些公司而言，这意味着一个规模更为庞大的融资平台，而对于如核心业务也同样是房地产的宝能公司而言，控制万科能够有效利用万科实现资产合并重组。

（二）宝能系何以举牌万科

宝能系以怎样的金融资本来举牌万科？宝能收购行动的主体有钜盛华及其控股子公司前海人寿。钜盛华是一家成立于2002年注册资本超过163亿元的主要从事投资与实业的公司，是宝能集团的子公司。根据近期披露的财报，钜盛华2013年的总资产为87.43亿元，2014年总资产增至283.13亿元，到了2015年更是猛增至2603亿元；2013年的营收为4.23亿元，2014年4.4亿元，而到了2015年，钜盛华的营收猛增至92亿元，可谓增长迅猛。钜盛华举牌万科的方式一是通过自身证券账户购入万科股票，再通过质押、发行债券方式获取杠杆资金来源进行进一步购入；二是通过9个资管计划，即南方资本管理的安盛1号、安盛2号、安盛3号、广钜1号、广钜2号；西部利得基金管理的金裕1号、宝禄1号；泰信基金管理的泰信1号；东兴证券管理的东兴7号。引发争议的也主要是这9个资管计划。所谓资管计划是指，金融机构（银行或非银行机构）对他人的委托资产进行管理与投资，帮助他人实现资产保值增值，并按照一定比例收取资产管理费用的行为。在金融资本蓬勃发展的时期，资产管理衍生出分级资产管理计划，2015年3月证券投资基金业协会颁布的《证券期货经营机构落实资产管理业务“八条底线”禁止行为细则》中规定，分级资产管理计划是指存在某一级份额为其他级份额提供一定的风险补偿或收益分配保障，在收益分配中获得高于其按份额比例计算的剩余收益的资产管理计划。这一分级的资产管理计划一般由优先级资金和劣后级资金构成，对于不同的投资者承担的收益与风险有着不同的约定，在一定程度上可以起到配资的作用，可以提高资本利用效率。对于2015年上半年股市的疯涨，分级资管计划有着不可忽视的作用。在实践中，一般资管计划所从事的投资为在二级市场买卖债券或股票，而劣后级资金利用资管计划加杠杆买卖股票，拥有投资决策权是默认的做法。但争议也随之而来，《中华人民共和国证券法》第80条明确规定，“禁止法人非法利用他人账户从事证券交易；禁止法人出借自己或者他人的证券账户”，资管计划实际上是一种委托与代理的关系，代理方金融机构以自己的证券账户进行股票买卖，因而，尽管证券法的相关规定落后于时代的发展，但根据法的效力以及《立法法》对于法律与法规的层级效力的规定，证券法应当得到遵守，这就意味着资管计划管理人应当是股票的拥有者，也是所购入股份对应的上市公司对应的表决权的拥有者，而非劣后级资金出资人。上述9个资管计划就是这样的分级计划，钜盛华在每个计划中都为劣后级，优先级为各金融机构，钜盛华出资额为优先级的1/2，实际上劣后级为所以我们也说，钜盛华资金杠杆为1∶2，其可能拥有投资决策权，但并不当然享有股份相应的表决权。在目前的实践中，证券监管部门也对分级资管计划进行严格控制，2015年11月，证监会发布《关于规范证券期货经营机构涉嫌配资的私募资管产品相关工作的通知》，称要有序规范涉嫌配资的优先级委托人享受固定收益、劣后级委托人以投资顾问等形式直接执行投资指令参与股票投资的私募资管产品，2016年证监会出台《关于规范证券期货经营机构私募资产管理业务运作管理暂行规定》，其中对于结构化资管计划作出规定，结构化资管计划与分级同理，是指资产管理合同约定，由资产管理人以自有资金提供有限风险补偿，且不参与收益分配或不获得高于按份额比例计算的收益的资管计划，不属于结构化资管计划，并规定了杠杆倍数为1∶1。证券监督部门以实际执法行动规范市场，但根本问题仍未得到明确规定。

而前海人寿是一家成立于2012年注册资本为85亿元的保险公司，主要从事人身险业务，据保险业协会披露的56家寿险偿付能力报告显示其在2016年第二季度扭亏为盈，并且盈利远高于其他公司，综合偿付能力充足。业内表示，近些年部分险资高速发展的原因是万能险业务的开展。万能险是指除了同传统寿险一样对生命予以保障外，还可以让客户直接参与由保险公司为投保人建立的投资账户内资金的投资活动，将保单的价值与保险公司独立运作的投保人投资账户资金的业绩联系起来，因而万能险是同时包含投资和保障两大功能的人身险产品。这一险种具有门槛低、风险相对小的特征，因而具有一定的吸引力。而前海人寿2014年的保费收入中，万能险收入甚至接近90%，可见这一险种的吸金能力。前海人寿正是利用保险的资金举牌万科，并且通过质押股票、发行债券等形式进一步购入万科股票，形成杠杆投资。这样的做法具有较高风险，只有通过较为激进的投资才可能实现保值增值。这一做法本身并不违规，但从理论上来说，万能险具有短期债的性质，前海人寿举牌万科后将有长期的股票锁定期限，这对于投保人权益的保障将是不利的，对于整个保险行业的发展也将是不利的。同样，对于险资所购入的上市公司股份表决权归谁也有争议。因为，根据中国结算的信息，万能险投资的股票登记在保险公司开设的万能险产品下面，而不是在保险公司名下。实际上,《中华人民共和国保险法》和《保险资金运用管理暂行办法》上明确，保险公司是负债经营。美国统一商法典则规定了保险公司的基本运行模式是通过发行二级票据（保险合同）吸收负债，再在市场上购入企业发行的一级票据（股票或债券），形成资产。不论资产在实际投资中是盈利还是亏损，都不可改变负债端保险合同的偿付责任。如果有保险公司因亏损而导致偿付能力严重不足，该公司的保险合同责任将由保险保障基金代偿，或者因为并购而转移给其他保险公司，寿险公司不得解散。而万能险投资的股票登记在保险公司开设的万能险产品仅仅是出于登记监管的要求，并不能真正反映资产的拥有者。所以，对于万能险投保资金而言，保险公司负债经营，盈亏自负，是万能险账户的所有人；投资者让渡资金给保险公司，获得一定的保险保障和收益。因而就险资购入上市公司股票来看，其本身就是保险公司是股票的所有人。前海人寿购入万科股份并依法享有股份所对应的表决权应当是不存在争议的。

（三）险资举牌的动力

为什么是险资？第一是大背景“资产荒”。经济增速的降档以及经济增长动力的转换，传统的产业资本回报率的下降，优质资产难觅，而同时，随着央行推行宽松的货币政策，而信托等刚性兑付逐步打破，银行等大型资产配置机构对低风险高收益的固定收益类资产需求得不到满足，从而在目前国内金融体系中，大量资金找不到合适的投资品，而出现的配置混乱的局面，高收益资产的缺乏的“资产荒”逐渐形成。因而，险企有通过股票资产提升收益率的内在驱动。第二是万能险保费的迅猛增长。保监会2012年发布的《关于进一步加强财产保险公司投资型保险业务管理的通知》，规定了对于投资型保险的管理，所谓投资型财险，是将保险功能与资金运用功能相结合的保险产品，是财险公司将投保人缴纳的投资型财险的投资金用于资金运作，按照合同约定的方式，计提保险费、承担保险责任，并将投资金及其合同约定的收益支付给投保人或被保险人的财产保险产品。根据相关财会规定，上述产品销售所得资金并未体现在险企的“保费收入”中，而是被归入了“保户储金及投资款”一项。根据保险业协会披露的数据，自2013年以来，“保户储金及投资款”占规模保费的比重已经从2013年的22.9%提升至今年上半年的35.5%，仅2016年上半年“保户储金及投资款”便新增8103亿元，超过2014年全年7647亿元的增量。第三是政策的宽松。2015年7月，在“股灾”的背景下，保监会发布《关于提高保险资金投资蓝筹股票监管比例有关事项的通知》，险资投资单一蓝筹股票的余额占上季度末总资产的监管比例上限由5%调整为10%；投资权益类资产的余额占上季度末总资产比例达到30%的，可进一步增持蓝筹股票，增持后权益类资产余额不高于上季度末总资产的40%。因而，险资一是弹药充足，二是资产高企驱动高回报率投资，三是政策，所以在我国证券二级市场上频频发生险资举牌上市公司的状况。

（四）对金融资本的认识与监管

怎么看待险资频频举牌？第一，资金的来源。自从我国金融市场开始形成以来，证券、银行、信托乃至后来的P2P行业都先后采用“资金池”的方式进行发展，这种模式能够使得行业获得拔苗助长的效果，但实际蕴含较大风险反而不利于行业长期发展，因为资金池的使用可能导致风险缓释的期限比当前的风险暴露的期限短，即期限错配风险。在这样的背景下，2013年3月，银监会发布《中国银监会关于规范商业银行理财业务投资运作有关问题的通知》，强调理财产品与所投资资产“一一对应”，要求单独建账、管理和核算，此后也一直严格监管资金池模式在银行理财、互联网金融等领域的运用，自此资金池逐渐走向终结。但现行保险监管法规不要求险企将投资资产按保险产品进行单独分割，多数保险公司仅在公司总体层面或者产品大类层面进行投资账户的物理分割，因此保险合法的拥有事实上的“资金池”。因而，险资可以频频举牌上市公司，但是短债长投”存在流动性风险，对于投保者以及保险行业的发展并不利。第二，资金的使用。根据保险业协会披露的数据，截至2016年6月底，保险公司总投资资产12.56万亿元，其中持有股票和证券投资基金共1.70万亿元，占比13.50%。这样的数据要远高于发达国家险企对于股票的配置比例，2014年美国寿险（一般账户）、日本寿险配置股票资产的比例分别为2.3%和6.7%，均低于国内；另一方面，美国和日本对债券的配置比例分别为82.4%、68.3%，而国内保险业则低于50%，远远低于发达国家。从理论上来说，对于险企而言，保险资金具有明显的负债性质，期限较长且具有一定的负债成本，因而更适合于固定收益类资产，因为相比固定收益类资产，权益类资产价格波动风险较大，对于持续经营为目的的保险公司而言并非最佳资产配置内容。但就国内险企允许的实际状况而言，一是目前固定收益类资产投资回报率堪忧；二是可投资的类别仍有丰富的空间，在传统的股票、债券和现金之外的对金融和实物资产，如股权、房地产、基础设施、证券化资产、对冲基金、私人股本基金、大宗商品等的另类投资政策和实践都在发展之中，尚未得到完善；三是海外投资不足，

2012 年 10 月，保监会颁布《保险资金境外投资管理办法实施细则》，放宽了保险资金境外投资政策，但监管仍较为严格。所以，在理论上而言，险企举牌上市公司对险资的资金安全以及险企的发展并不有利，险资大量举牌上市公司，对于上市公司本身的发展也并不有利，长期来看，也损害中小股东的利益以及证券市场的健康发展。但在实践上，在目前条件下险资通过举牌上市公司获得高回报也是资产驱动。

宝能系等险资的大规模举牌也引发了管理层的注意。如在 2015 年保监会已发布《保险公司资金运用信息披露准则第 3 号：举牌上市公司股票》和《保险资金运用内部控制指引》，规定了险资举牌应当遵循的披露规则以及应当披露的内容。2015 年，保监会公开《中国保监会关于进一步规范高现金价值产品有关事项的通知（征求意见稿）》，拟对短期万能险产品的规模进行严格限制。2016 年保监会主席项俊波表示绝不能绝不让保险公司成为单一股东融资平台。这些出台的规章与拟出台的规则对于险资的规范运作将起到重要作用。从长远来看，对于险资等金融资本，一是要完善法律法规以应当加强监管资金来源以及使用方式，要着眼于限制短期万能险产品的规模、“去杠杆”、存管方式、信息公开与披露等方面，以降低险资风险，保护投资者利益。二是通过法律明确以账户、信托和基金等形式投资的股东的法律身份，减少因法律界定不清晰带来的争议，规范包括资管计划在内的金融资本的运作。三是积极与时俱进，促进非标资产的发展，减少险资对于海外投资的不必要的壁垒，在《关于深化投融资体制改革的意见》中，已经提出要“完善保险资金等机构资金对项目建设的投资机制。在风险可控的前提下，逐步放宽保险资金投资范围，创新资金运用方式。鼓励通过债权、股权、资产支持等多种方式，支持重大基础设施、重大民生工程、新型城镇化等领域的项目建设。加快推进全国社会保障基金、基本养老保险基金、企业年金等投资管理体系建设，建立和完善市场化投资运营机制”。

总之，万宝之争并不是一件坏事，虽然在这次实战演练中，在一定程度集中暴露了我国证券法、金融法、公司法等部门法的滞后性，也在一定程度上反映了我国证券、保险、银行等行业监管方式与内容的落后性。但给整个社会普及了资本市场的运行规则，以及相应从并购到治理的法律规则，对于整个社会的法治精神的培养以及证券等金融行业的健康发展都具有积极的作用。

“合法”与“合理”的博弈

——河南“大学生掏鸟案”之解析

邓　超*

> 刑法之于现实的关系是何等的敏感：刑法还能否胜任它制裁无法容忍的、此时此地被人们认为是他们共同生活不可放弃的基本准则的行为规范的违反行为的任务，并不取决于永恒的价值或者不变的认知观点，而是取决于具体社会在具体时点细致微妙的心理现状。
>
> ——托马斯·魏根特[①]

一　“小鸟大案”

（一）案件事实与审判结果回顾

2014 年 7 月，河南省郑州职业技术学院大一学生闫某某在河南省辉县市高庄乡土楼村过暑假。7 月 14 号，他和朋友王某某去河边洗澡时，在邻居家门口发现鸟窝，于是二人拿梯子攀爬上去掏了一窝小鸟共 12 只，饲养过程中逃跑一只，死亡一只。后来，闫某某将鸟的照片上传到朋友圈和 QQ 群，有网友与他取得联系，说愿意购买小鸟。他便以 800

---

*　邓超，北京大学法学院博士研究生。

①［德］托马斯·魏根特:《论刑法与时代精神》，樊文译，载陈兴良主编《刑事法评论》第 19 卷，第 285、298 页。

元7只的价格卖给郑州一个买鸟人，280元2只的价格卖给洛阳一个买鸟人，还有一只卖给了辉县市另一个买鸟人。2014年7月27日，二人又发现一个鸟窝，掏出4只鸟。不过这4只鸟刚拿到闫某某家就引来了辉县市森林公安局的民警。第二天，二人被刑事拘留，同年9月3日二人被批准逮捕。2014年11月28日，新乡市辉县检察院向辉县市法院提起公诉。新乡市辉县法院三次公开开庭审理了此案，认定他们掏的鸟是燕隼，属于国家二级保护动物。

2015年5月28日，新乡市辉县法院一审判决，以非法收购、猎捕珍贵、濒危野生动物罪判处闫某某有期徒刑10年6个月，以非法猎捕珍贵、濒危野生动物罪判处王某某有期徒刑10年，并分别处罚金1万元和5000元。贠某因犯非法收购珍贵、濒危野生动物罪获刑1年，并处罚金5000元。今年8月17日，新乡市中院对此案做出裁决，维持了新乡市辉县市法院一审判决。①

本案之所以引起广泛的关注，是因为案件的判决结果与公众的正义价值观念有所出入，公众在情感上很难接受。大众认为，闫某某的知识层面尚未涉及鸟类的分类和价值判断，闫某某系郑州某职业学校学生，平时所接触到的知识与鸟类关联性较小，由于在判决书中没有关于这方面的证据，所以法官在裁量时可能会有先入为主的判断。很多人认为法院不近人情，量刑过重，有人评论“他只是个学生，这样判刑会影响他一生”，更有人惊呼“掏个鸟窝好似抢了银行一样”“一个大活人还不如一窝鸟”。《北京青年报》等媒体刊发对闫某某父亲的采访报道，闫父称不知道儿子掏出来的这些鸟到底是什么东西，更不知道这些鸟是国家二级保护动物燕隼。“我真的想不明白，儿子又没有犯杀人那样恶劣的罪，为什么会被判刑这么多。”报道中提到，闫父在接受采访时哭诉“十年半不但毁了他，也毁了我们这个家。”从朴素的感情出发，民众确实很难理解这样的判决，因此，这个案子在沸沸扬扬的同情声中引起了广泛的关注。

（二）反转的舆论

2015年12月6日，剧情却发生逆转，据官方披露的证据显示，闫某某

---

① 参见《大学生掏鸟获刑10年半河南省高院已介入此案》，http://news.ynet.com/3.1/1512/02/105841565.htm，2016年8月27日。

自称不识国家保护动物是谎言，他不仅知道自己盗猎的燕隼是国家二级保护动物，而且还利用 QQ 群、百度贴吧等兜售猎物，属于主观明知犯罪。与掏鸟真相一起浮出水面的，还有我国触目惊心的猛禽盗猎利益链和灰色市场。据悉，掏鸟大学生闫某某是 QQ 群“河南鹰猎兴趣交流群”的一员，身份是捕鸟者，是这条残忍利益链的开端，还曾非法收购 1 只凤头鹰转手出售。值得注意的是，在黑市上，极品的猎隼能卖到 10 万美元以上。中国政法大学资本金融研究院客座教授张捷称，像燕隼这种猛禽的生活范围是很大的，至少要几个平方公里才有一窝，他们是把周围几十平方公里的鸟窝都掏掉才可能掏到十几只，这是需要非常专业的技术，不是简单的小孩掏鸟窝。短短几天内，闫某某从一个“可怜无助的大二学生”“只因掏个鸟窝就被判刑 10 年半”的受害者形象，换上了一副“偷猎惯犯”“私产枪支者”的面孔。

我国《刑法》第 5 条规定：“刑罚的轻重应当与犯罪分子所犯罪行和承担的刑事责任相适应”。该条的基本含义是“罪刑相当，罚当其罪，刑须制罪，刑足制罪”。本案中，闫某某在明知其所猎捕、贩卖的并非普通鸟类，而是国家二级保护动物燕隼，并具有非法谋取利益的目的，十年半的刑期于法有据，符合我国刑法的规定。但是大众是不是真正能从内心接受这样的结果？大众的认知与法律所体现的公平正义到底有多大差异？这样的差异是否需要弥补？需要在何种程度上进行弥补？事实上，媒体需要更专业的报道，围观者也需要冷静地获取信息，否则一次很好的普及动物保护法律及探讨法律完善的机会，只能变成大众舆论的宣泄口。

（三）形式上的正义会不会掩盖实质上的非正义？

在刑事法律日益精密化的今天，大多数简单罪名的确定愈发准确和简便，但是疑难之罪的定性却由于复杂的逻辑和法律适用的多样性而愈发困难。准确地进行定罪和公正地指导量刑是真正的刑事法治要求，也是实现公平正义的途径，量刑不仅应该是合乎法律的，一定程度上也应该是合乎合理性和妥当性要求的。定罪的价值在于评价一个人过往的行为和对普通民众产生的心理威慑作用；刑罚的价值则致力于对犯罪人的人格和行为进行矫治。一定程度上，刑罚是一种更容易感触到的力量，是一种更为明显的认知。有人认为“掏鸟案”的意义在于提醒公众，破坏稀濒危野生动物是严重的犯罪行为，对法制宣传教育有重大意义。一些以非法出售、收购野生动物资源牟利的不法分子，将野生动物及其制品的药用价值、食用价值、工艺价值无限放大，将一些畸形的消费行为包装成“高雅消费”，并逐渐在高收入人群中掀起消费热潮。随着社会的发展，通过微博、微信等社交媒体平台进行熟人交易，使得野生动物非法贸易成本更低，隐蔽性更强，周期越来越短，销售成本越来越低，给警方侦办案件带来了很大难度。反过来说，如果我们的法律对捕猎贩卖野生动物的行为网开一面，后果将是更多的珍禽猛禽被贩卖、猎杀。保护濒危物种、修复业已破坏的生态环境，恐怕更加困难。① 在恶意捕杀贩卖野生动物仍然猖獗的当下，法律的保护更是必不可少。不知情不能成为犯罪的理由，希望此案能起到里程碑作用。保护动物的法律一旦制定成文，就必须严格执行，所谓法律面前人人平等。

从法律明文规定来看，这样的判决似乎没有不当，但这个罪名在立法层面却值得商榷，同时在司法实践中，判这么重的刑罚也存在疑问。人人都可能因为自己的无知而身陷牢狱，法律不但要惩罚犯罪，也应贴近人情。刑法不仅仅是简单的惩罚工具，也是全体公民内心的行动准则。刑罚权不仅意味着权力的运用，更应该是法律演绎的良性互动。这样的判决虽然完美地诠释了形式上的正义，却在对实质正义的拿捏过程中稍有缺憾。

二 “合法”与“合理”的冲突

从法律角度来看，法院认定闫某某构成非法捕猎、杀害珍贵、濒危野生动物罪有法可依，按照法律规定量刑十年于法有据。但对于一个生长在农村、就读非法律专业的大学生来讲，因掏了家乡随处可见的鸟窝就面临高达10年6个月的有期徒刑，不禁让人想起多年前的许某案和“天价葡萄案”。

（一）许某案—— 一台故障ATM机的“陷阱”

2006年4月21日，广州青年许某与朋友郭某某利用ATM机故障漏洞取款，许取出17.5万元，郭取出1.8万元。事发后，郭主动自首被判处有期徒刑一年，而许某潜逃一年落网。2007年12月一审，许某被广州中院判处无期徒刑。2008年2月22日，案件发回广州中院重审改判5年有期徒刑。

① 参见《从“掏鸟”案舆论反转说起》，http://www.zmdnews.cn/showinfo-8-341407-0.html，2016年8月31日。

> 2006 年 4 月 21 日晚 10 时，被告人许某来到天河区黄埔大道某银行的 ATM 取款机取款。结果取出 1000 元后，他惊讶地发现银行卡账户里只被扣了 1 元，狂喜之下，许某连续取款 5.4 万元。当晚，许某回到住处，将此事告诉了同伴郭某某。两人随即再次前往提款，之后反复操作多次。后经警方查实，许某先后取款 171 笔，合计 17.5 万元；郭某某则取款 1.8 万元。事后，二人各携赃款潜逃。
>
> 同年 11 月 7 日，郭某某向公安机关投案自首，并全额退还赃款 1.8 万元。经天河区法院审理后，法院认定其构成盗窃罪，但考虑到其自首并主动退赃，故对其判处有期徒刑一年，并处罚金 1000 元。而潜逃一年的许某，17.5 万元赃款因投资失败而挥霍一空，今年 5 月在陕西宝鸡火车站被警方抓获。日前，广州市中院审理后认为，被告许某以非法侵占为目的，伙同同案人采用秘密手段，盗窃金融机构，数额特别巨大，行为已构成盗窃罪，遂判处无期徒刑，剥夺政治权利终身，并处没收个人全部财产。许某随后提出上诉，2008 年 3 月，广州中院认定许某犯盗窃罪，判处有期徒刑 5 年。许某再度上诉，2008 年 5 月，广东省高院二审驳回上诉，维持原判。①

作为一个引起社会各界广泛关注、引发法学界人士激烈争论的案件，许某案为我们提供了一个典型的司法素材和研究样本。许某案在原一审判决以后，引起媒体的广泛关注，对以盗窃金融机构判处无期徒刑的判决结果表示了强烈地不满和质疑。笔者认为，主要原因在于量刑过重。首先，该案的涉案金额是 17 万元，而不是 170 万元或者 1700 万元，盗窃 17 万元换来的是终身自由的丧失，这与公民的法感情很不吻合，公众的认同感很低。其次，许某利用自动取款机的故障而恶意取款这一行为本身具有某种特殊性。在本案中，银行确实存在过错，这种过错是未能及时发现并排除自动取款机的故障，因而使自动取款机的款项处于一种疏于管理的状态。当然，银行过错只是许某犯罪的诱因，它为许某盗窃易于得手提供了某种条件，但并不能由此否认许某行为的犯罪性，这非常类似于我虽然没有关门，但是也并没有赋予

① 关于本案案情，参见“许某案”，http://baike.baidu.com/link?url=CNuz8T9Kk009 Aot39m3zPz0Tt0gy326UiZvxOw8TFbhmfc2vNPCaxUvoGEvh4VNiYiruwYwIqFLs6-4R_LoW4，2016 年 8 月 27 日。

你来盗窃我家的权利，我的疏忽不能成为你盗窃的理由。尽管许某是以自己的银行卡在取款似乎是正常的交易行为，但许某明知自动取款机发生故障而利用这一故障进行恶意取款，这已经不是一种交易行为，而是一种犯罪行为。就许某案而言，适用特殊减轻主要是因为银行明显存在过错，银行的疏于管理是此案形成的客观原因，同时该行为的违法程度较轻，许某是利用自动取款机的故障而窃取财物，其不同于主动进入金融机构进行盗窃的行为。金钱的巨大诱惑会对行为人的意志自由产生深刻的影响，面对出现故障的ATM机，并不是每一个人都可以做到心如止水的，这个时候社会以及法律对我们的期待和人性对金钱的欲望产生了冲突，不得不说，我们每一个人都可能是“下一个许某”。假如我们不去试图完善那些明显运转不灵的司法机制、体制和制度，许某案“从无期到五年”的量刑变化，或许将只是昙花一现，无法发挥法治的根本作用，无法发挥其普遍的标本意义，无法真正提高我国的司法公信力和促进司法制度的良性运转。

许某案及类似案件所引发的民意反应，把这个问题变成了一个现实问题。相关立法机构、最高司法机构理应关注本案，进而思考如何对法律、对司法进行系统改革，从而使法律尽可能地与社会生活同步演进，让法官在绝大多数案件中的裁决尽量能与民众的正义感大体相符。许某案暴露的正是这种条文本身机械而法官又只能机械适用条文的法律制度的荒唐之处。这种制度设计固然存在节约成本、避免拖延的优点，却也显露出越来越多的弊端。例如，量刑问题却无法接受控辩双方的举证、质证和辩论，无论是公诉方、被告方还是被害方，都无法充分地参与到量刑的裁决过程之中，更难以对法庭的量刑结论施加积极有效的影响；法庭不是在公开的法庭上完成量刑的决策过程，而是在办公室、会议室等私密场所单独决定量刑问题，这种“办公室作业”式的秘密决策程序，根本无法有效规范法官在量刑上的自由裁量权。

我国的立法日趋完善，法律条文和规定也愈发细致具体，朝着“有法可依”的方向大踏步迈进。但是，在我们不停地追求罪刑法定时，可不可以回头看一下，是不是愈详尽、具体、细致的法律规定，愈是容易过时？这是值得我们思考的一个问题。过分遵守法律规定而不考虑案件的具体情况时，越严格遵循法律条文则可能意味着离正义越远。为什么关于许某案的判决民间死活不服？焦点无非是量刑太狠，有失公允。作为一名并无前科的公民，因一时贪欲侵占17万元，就被处以无期。青春、爱情、事业毁于一旦，他的亲人将生活在阴霾中，直到永远。量刑应该是法律的能动主义和案件的事实情状的价值衡量之果，是在客观充分基础之上的能动之果，其最基本的内在参数应该是综合衡量。如果对两种不同程度地侵犯社会的犯罪处以同等的刑罚，比如无论谁一旦看到，对打死一只山鸡、杀死一个人或者伪造一份重要文件的行为同样适用死刑，将不再对这些罪行作任何区分，道德情感就会遭到破坏。① 而法院执法时再施重手，无异于雪上加霜，民心如何能服？量刑过重也许可以增加畏惧，但同时也平添仇恨。太过于注重抽象的同一性，必然会轻视具体的案件分析，抹杀其个性和差异，进而导向权威主义和等级秩序的滋生，加固了可视正义和实质正义的界限，进而在量刑实践中形成量刑僵化。

（二）天价葡萄案——一袋葡萄引发的虚惊

2003年8月7日凌晨3时，北京海淀区香山派出所的民警巡逻至香山门头村幼儿园门前时，见4名男子抬着一只编织袋往村里走。警惕的民警立即停车上前盘查。见到警察盘问，4名男子神色惊慌地解释着编织袋内装的是葡萄，是从朋友地里摘来准备带回工地吃的。但民警没有听信他们的解释，将4名男子连同一编织袋的葡萄带回了派出所。在派出所里，葡萄的来源得以弄清。4名男子全是河南籍民工，在香山某建筑工地打工，住在香山脚下。6日晚，几人商量着弄些水果来吃。其中一名在北京市农林科学院林业果树研究所当过临时工的李高尚说，林果所内种的水果好吃，到那里弄去。当晚11时许，4名民工步行近1小时翻墙进入林果所院内，在李高尚的带领下来到葡萄研究园。坐在葡萄架下4民工“甩开膀子”猛吃一气，临走时，几人商量，走了老远的路光吃饱肚子太亏了，得带些回去。在路边垃圾箱附近李高尚捡了一只编织袋，几个人开始摘葡萄架上的葡萄，装满后抬着编织袋翻墙出来，在回工地的路上被警察逮个正着。

盘查后，警方获悉，该4名男子编织袋中为其偷来的47斤科研用

① 参见［意］贝卡利亚:《论犯罪和刑罚》，黄风译，中国大百科全书出版社1993年版，第65页。

葡萄。这是北京农林科学院林业果树研究所葡萄研究园投资40万元、历经10年培育研制的科研新品种。4位民工的馋嘴之举令其中的20余株试验链中断，损失无法估量。后北京市物价局价格认证中心对被偷的葡萄进行评估，涉案的23.5公斤葡萄直接经济损失为11220元。该葡萄一时被人们称为“天价”。

2003年9月12日北京市海淀区警方于以涉嫌盗窃罪对李高尚、李连朋等3名民工执行逮捕（其中一名属于“犯罪情节显著轻微”，认定其行为尚不构成犯罪，警方遂作出决定对其处以15日的行政拘留）。由于民工偷吃“天价葡萄”案情比较特殊，司法也面临一个前所未有的难题。2003年12月底，海淀检察院已将天价葡萄案退回公安机关补充侦查，被海淀检察院以涉嫌盗窃罪批准逮捕的李高尚等3名民工目前还被关押在海淀看守所。这是检察机关第一次对此案进行退回补充侦查。另外，清华的一位老师愿意拿出1.3万元，想保出这三名民工，让他们能回家过个年。

2004年1月5日，经有关部门重新评估，得出涉案标的价格仅为376元。

2004年2月4日，李高尚等3名民工被保释出狱。3名民工虽被保释出狱，但罪与非罪，司法部门却没给个明确“说法”。

2005年2月21日，3名民工已先后收到北京市海淀区人民检察院的决定不起诉书。自此，被传得沸沸扬扬的“天价葡萄案”终于尘埃落定。①

一个行为之所以被定罪是法律规定和案件事实的耦合之果，是客观和主观的内在统一，运用的是事实对应规范的思维。确定的法律规则只是为法官断案指明了大致的方向，并未为具体案件指明明确的答案。法律毕竟是死的，而适用法律的人是活的，裁判过程中融入了大量的人的主观思维。定罪和量刑的处理过程也需要在实践变化的基础上，追求合乎价值的衔接和完善，这是法治社会的相容性和内生性要求所在。一个立足于社会的刑法典和量刑指南将保留很多传统的刑法学说以之为基础的基本原则——集中于个体

① 关于案情，参见“天价葡萄案”，http://baike.sogou.com/v54096832.htm，2016年8月27日。

的有责程度、可能发生危害的程度、实际的危害程度、以及任何开释或免责情况。①

刑罚制度中所容许的惩罚强度、引发疼痛的方式以及受苦的形式，其决定要素不只是基于方便，还要考虑当前的道德习俗以及感受。四个农民工因为偷吃了他们认为司空见惯的葡萄，却要承受天价的赔偿，如果刻板地遵守法律，那么这份判决毁掉地不是他们一年的工资和收入，而可能是四个家庭的幸福。偷吃了一次葡萄，罪孽真的那么深重吗？于是，检察院在仔细调查研究后，最终做出了不起诉的决定。这是在准确认定事实的基础上，追求的一份合理与妥当，不仅保障了当事人权益和社会利益的平衡，而且实现了真正的罪刑均衡。如果犯罪的内涵一定要有惩罚，那么就要有一定的尺度。因此，为了使惩罚成为实际，惩罚也应该有界限，要使惩罚成为合法的惩罚，它就应该受到法的原则的限制，使惩罚成为真正的犯罪后果，而不是机械地后果承担。

正如人民网有记者写到，从去年9月，4人中3人被批准逮捕，到现在他们已经被拘押了8个多月，而这都只是因为一次偶然的“馋嘴”。我想，他们当时一定是追悔莫及的。然而，现在却又突然知道，自己的“罪孽”原本并没有那么“深重”——根本就不到应该追究刑事责任的程度。此情此景，我真想象不出他们此时的态度：是该喜，还是该悲？不难看出，之所以发生这一切，只是因为葡萄的价值一直未能搞准确。然而，搞清楚葡萄的真实价值真的很难吗？笔者是个外行，所以在此不便妄加评论。记得当初，就曾有人撰文质疑过这些葡萄的所谓“天价”——当然，现在已不必要再重复那些论证过程了，因为事情已经搞清楚了：这些葡萄并非“天价”。假如退补侦查的结果不符合事实，我想人们也一定会听到抗争的声音。如果这种情况并未发生，那么，我们在为民工庆幸的同时，是否也应思考一点别的什么？科研用葡萄该如何估价在法律界还是从来没有遇见过的新问题。看来，由偷吃“天价葡萄”而被批捕，到葡萄仅值376元而被取保候审，其间一波三折的惊

① 参见［美］保罗 H. 罗宾逊：《刑法的分配原则》，沙丽金译，中国人民公安大学出版社 2009 年版，第 224 页。

吓，3 名民工也许只能“自认倒霉”了。这算不算以普通公民的权益为代价对法律漏洞的一次“检验”呢？无论如何，农民出身的笔者，还是替几位民工感到一种被鄙薄的寒意。幸好，这一切将要被纠正。但是，经历该事件后，也许我们每个人都应该开始思考一个问题：如何确保每个人权利的真正平等——大概，这算是该事件颇有些苦涩味道的“正面意义”。一起曾经在全国闹得沸沸扬扬的天价葡萄案即将终结，但关于该案的思考却不应就此结束，对该案侦办过程中的一些非人文、非理性因素进行检讨和反思，我以为是必要且有益的。

记得有关专家曾信誓旦旦，坚称葡萄是“40 万投资，历经 10 年培育而出的新品种”，民工偷吃后“会造成其中的 20 余株试验链中断”。既然后果如此严重，那这个价格就应该严格按照严谨的程序，参照国际市场或者国内同类市场价格，邀请权威人士进行鉴定，以保证鉴定的公正性和合理性能够经受公众的检验。因为这不仅是对 3 名民工负责，而且也是对法律和公众负责，更可为以后此类案件的审理引路。可令人不解的是，这些鉴定的细节一直不为外界所知，所以人们就有理由怀疑这样的鉴定是否科学，是否公平公正。从 11220 元的天价突然下跌到区区 376 元，这样的结果是怎么得到的，有必要向公众公开。此外，该案侦办过程中出现的一些情形更该引起我们的反思。科研成果是为人服务的，我们应该尊重和保护，但从本质上说，任何科研成果的价值都不应该高于人的尊严和价值。可奇怪的是，我们对葡萄都能够开出天价，而对作为万物之灵、作为社会主体的人的价值和尊严却不时表现出一种有意无意的轻蔑和漠视，这难道不应该引起我们的思考吗？①

三　刑罚应在何种程度上回应定罪才算妥当?

（一）由片面依赖向全面发现转化

在定罪量刑的过程中，要充分考虑行为人的认知能力、年龄、阅历、主观故意及行为的常发性和所造成的危害结果等，进而对犯罪行为进行综合地

---

① 参见《有必要反思“天价葡萄案”》，http://www.people.com.cn/GB/guandian/1034/2531172.html，2016 年 8 月 28 日。

分析判断，从单纯机械地依赖法律条文向全面发现案件事实转化。社会的转型发展过程中，由于社会风险的增加，以及刑法条文规定的滞后性等固有缺陷，判断罪刑关系的三段论常无法有效地应对价值性和合理性判断，正确定罪未必准确量刑，“并不是所有以法律为依据的处罚都符合合法性原则的要求。”① 罪刑法定需要在形式理性的基础上，加入实质理性的意蕴。根据犯罪的内容判断是否有必要用刑罚进行处罚，而且要考虑对于该种犯罪所定的刑罚是否与其他犯罪相平衡。在案件的审理过程中，除了依据刑法条文规定，也要考虑行为与制裁的实践意义，由被动式向主动式转化，由片面依赖向全面发现转化，实现罪刑法定原则对未来刑事制度的调整和优化的引领性价值。应当允许辩护人进行单独的量刑辩护，这是对被告人的利益最大化表现，增加规定不同的量刑情节，如刑事和解等措施；并在判决书中实现量刑裁判理由的独立，量刑部分单独说理。定罪阶段被害人只是证人，量刑阶段被害人是一方当事人，判决书中应有独立的部分阐明量刑问题，逐渐改善我国目前被害人参与度低的现状，提高社会公众参与司法的程度。

（二）能动地分析案件事实

在定罪精良准确的基础上，“应寻求新的方法使惩罚更适合对象和更有效果；制定新的原则以使惩罚技术更规范，更精巧，更具有普遍性；应统一惩罚手段的使用；通过提高惩罚的效率和扩充其网路来减少其经济与政治代价，建构关于惩罚权力的新结构与新技术”② 。刑罚的关键在于能动性，能动地分析案件事实的基础上能动地理解刑法规范，能动地连接行为人客观状态和考虑其带来的社会影响和社会代价。于判决前收集被告之素质、环境等资料，完善量刑的相关资料，为法官提供更详细的资料，通过刑罚对具体行为人进行积极的教育，使之重新社会化；通过对具体行为人适用刑罚，从而阻遏其他人实施相类似的行为；通过对具体行为人适用刑罚，达到维护一般大众的法律意识的目的。国家在运用刑罚规制社会生活时，应适当控制刑法的适用范围和严厉程度，并力求以最小的刑罚成本达到最大的刑罚社会效果，节制用刑是保证刑法适度、防止刑罚烦苛的有效手段。

---

① ［美］道格拉斯·胡萨克:《刑法哲学》，谢望原等译，中国人民公安大学出版社 2004 年版，第 12 页。

② ［法］米歇尔·福柯:《规训与惩罚》，刘北成、杨远婴译，生活·读书·新知三联书店 1999 年版，第 99 页。

（三）合理地对待民众的法感情

拉德布鲁赫指出："法感情预先得出了结论，而法律则只在事后为其提供理由及界限。"① 随着网络的不断发展，公众发出自己声音的途径也越来越多，由于民意是以抽象的方式产生并存在的，因此，一定要对其内容和要求进行仔细的分析、甄别。具体到刑罚的适用，民众的法感情无疑会对刑事司法活动产生重大的影响。如果说法律是最高的民意，那么依法办事在一定程度上也就是遵从民意，但是由于民众的受教育程度以及认知程度参差不齐，其所呼吁的声音未必全部准确而必要。而且，媒体和民意有时候并不是等同的，媒体并不能完全代表民意。媒体应当在客观全面的基础上，对案件事实全面掌握之后再进行报道，以免误导民众，避免与实际案情的过分悬殊。网络使公民表达自己的法感情更加方便、快捷、低成本，但是也应该注重合理引导和采用，厘清其中的非理性、情绪化乃至偏激的成分。如果不加分析，认为"网络民意"一定就是真实的民意表达，那么就可能被误导，甚至做出错误决策。规范、引导网络民意走向自律、客观、理性的轨道，对政府收集民意并将其转化为现实中决策的依据以及实现与公民之间的良性互动具有重要的意义。

（四）坚持形式正义和实质正义的统一

在所有调节社会秩序的制度中，公正作为一种基础规范和价值调节的指引，既是自由的实现路径，又是平等的合理内涵。公正作为一种标准，不是一条线，而是一个范围，上限是相关各方"都很满意"，下限则是"还能接受"。对法律的公正最终要体现到司法实践的个案公正上，在不可能也不应当频繁修订立法的情况下，法官可以把某个犯罪在"报价单"中的均衡性评价作为参考，以适当调整具体案件的量刑。② 在严格遵守法律规定的统领下，把量刑的具体规则类型化，如进行有利于被告人人权保障的解释和不利于被告人人权保障的解释，有明确被害人的刑事案件和侵害国家利益的刑事案件等类型的分类，增加非监禁刑处置等措施。这种类型化的方法，不仅保证了形式上的正义，也会有利于个案处理的公平妥当的实现，使形式正义和实质正义实现辨证的统一。

---

① 周道鸾等：《刑法的修改与适用》，人民法院出版社 1997 年版，第 165 页。

② 参见白建军：《犯罪轻重的量化分析》，《中国社会科学》2003 年第 6 期。

任何一种公权力的设置都有其自身功能和价值诉求，刑罚权的意义不是简单地惩罚、威慑和矫治，更不是抽象的坐而论道、大而化之，其应是在法律秩序的统一性基础上，以现实需要为基点，以妥当性为支撑，包容理念的规范、承载理念的规范和物化理念的规范，在量刑过程中运用理性原则考量各种因素的价值判断，拓展理论外延为量刑适用提供价值指引，寻求形式公正和实质公正相统一的良性互动，在精确性和灵活性之间保持必要的张力，实现量刑的评价功能和保护功能的统一。

劳教制度消亡及替代性制度之选择

——从唐慧案说起

王嘉铭 *

法律的制订是为了惩罚人类的凶恶悖谬，因此法律本身务必最为纯洁无垢。

——孟德斯鸠 ①

一 事件还原 ②

2006年10月，一个名为“乐乐”的女孩失踪，引起了大众的关注。经查实，乐乐被朋友周某某骗奸并被威胁卖淫，三个月里被强奸一百多次。这足以让任何一个有良知的人拍案而起的恶行，随着一名被网友称为“永州妈妈唐慧”的母亲不断上访之路被媒体关注，案件的始末也逐渐浮出水面。

2006年10月1日下午，11岁的乐乐一人到家附近的一个旱冰场溜旱冰。看到周某某（19岁，附近一理发店打工仔）溜冰技术很好，便

* 王嘉铭，中国社会科学院研究生院博士研究生。

① ［法］孟德斯鸠:《论法的精神》（下册），张雁深译，商务印书馆1936年版，第326页。

② 关于本案介绍，参见“湖南永州少女被迫卖淫案”，http://baike.baidu.com/link?url=XonrzuxA4dkZEsSZ8Laz_8hQdWp99IUAST0JRPaIgRdDuAqtPjuzFUfbt2jKhCPrDp8Vi4Gdy6LnSCktGVDV52k8lg8BbIuZUdDAKOEs_bASMXSQZGHrbt5oIBTZnIqlDPh-TvKb2zRH2L9jGs_u_dk0ZU6-GFGggSJRnUiHycuU3XXB2bZ41GgKiFuEIyOA8wkcUoBAd_ri91vCk63SH5WAPiI2xkNBxXQIVA5HKKP8qSPPYiY83_DkjopYlXuhIZg0SP6Ska3-7fJsUalLwMdIAO1e5q-jbku3_gLpjP7，2016年10月22日。

主动与之交谈；当晚，两人来到一个出租房看碟，发生了性行为，并留宿于该房间。次日，两人一起吃完早饭后，在回理发店途中，被乐乐的舅妈发现，并将乐乐带回家中。10月3日下午，乐乐给家人留下一个字条后离家出走。

离家出走后的乐乐找到周某某，于2006年10月3日，被周某某强行带至秦某、陈某开设的休闲屋卖淫。当晚，秦某安排人手带受害人到某酒店卖淫，收取100元费用。后秦某又安排受害人在休闲屋卖淫两次，收取200元费用。周某某和陈某还打了试图反抗的受害人。

此后，在明知受害人不满14岁的情况下，秦某等人逼迫受害人卖淫3个月，其间受害人曾遭4人轮奸。被困零陵区柳情缘休闲中心魔窟的小乐乐，在亲人不顾一切的努力下终于获救。乐乐跟唐慧讲述了一段噩梦般的生活，在短短的3个月时间里，刚满11岁的她在毒打、恐吓、胁迫之下被强迫卖淫一百多次，遍布永州市的大小宾馆。

2010年11月28日，一个名为“永州受害女之母”的人在微博上发出了一条求助信息，称她11岁的女儿乐乐失踪后遭强迫卖淫，案子拖了4年还没结。微博的主人叫唐慧，湖南省永州市零陵区人，37岁。自此，随着记者的一路追踪调查，一个令天下父母痛断肝肠的11岁幼女被迫卖淫案浮出水面。在省市两级公安机关的直接领导下，乐乐的案件很快进入了正常的渠道，永州市公安局立即成立了专案组彻查此案。很快，涉及此案的6名主要犯罪嫌疑人被立案侦查。

2008年4月由永州市人民检察院提起公诉。2008年6月6日，永州市中级人民法院作出一审判决。秦某、陈某招募、纠结、指示多人从事卖淫行为已经构成组织卖淫罪，罪名成立。秦某被判处死刑、陈某被判处无期徒刑。周某某以暴力胁迫不满11岁幼女卖淫，致使其染上性病和出现精神障碍，其行为构成强奸罪、强迫卖淫罪，罪名成立，被判处死刑。刘某、蒋某某、兰某某等人强奸罪名成立，分别被判处无期徒刑、有期徒刑16年、15年。被告人周某某、秦某、陈某各赔偿乐乐经济损失2万元，刘某等3人赔偿乐乐经济损失1万元，共计9万元。

唐慧对这个结果并不满意，遂向永州市人民检察院申请抗诉。唐慧以对周、秦两人判处死刑的适用法律错误和对蒋某某、兰某某两人量刑畸轻等为由向永州市人民检察院申请抗诉，永州市人民检察院采纳了建议。作为刑事附带民事诉讼原告人，唐慧要求法院判令6名被告共计赔偿各项损失共计人民币39.0359万元，并判处6名被告死刑。

2009年2月11日法院重审后，再次作出判决，维持原判。判决后，此案因为证据不足被高院发回重审。2010年12月23日此案再次开庭。唐慧请求法院判令7名被告赔偿各项损失共计人民币184万元，并请求判处7名被告死刑。2012年2月21日上午9时，备受关注的“永州少女被迫卖淫案”在永州市中级人民法院再次开庭审理。而本次开庭重审更出人意料，不仅7名犯罪嫌疑人再次集体翻供，而且竟爆出被害人代理律师指称羁押嫌疑人秦某的冷水滩看守所为秦某出具虚假“立功”证明，企图为犯罪嫌疑人达到逃避死刑的惩罚。原告律师遂申请抗诉。2012年6月5日，湖南省高院作出终审裁决：包括“妓院”老板秦星在内的两名被告因强迫卖淫罪被判死刑，4人被判无期徒刑，另有1人获刑15年。

从法律程序来说，湖南省高级人民法院作出裁决之后，在一定程度还了被害人一个法律的公道，也惩罚了犯罪分子。可是事实上，终审裁决的作出并非意味着案件完结。

2012年8月2日，永州市劳动教养管理委员会因唐慧扰乱社会秩序决定对其劳动教养1年6个月。唐慧不服劳动教养决定，于8月7日向湖南省劳动教养管理委员会提出了书面复议申请。湖南省劳动教养管理委员会经审查决定受理，并依法启动了复议程序。

2012年8月10日，唐慧的劳动教养决定经复议被依法撤销。随后，唐慧向永州市劳教委提出行政赔偿申请。

2013年1月5日永州市劳教委认为唐慧的请求不符合国家赔偿范围，不予赔偿。2013年1月23日，唐慧向永州市中级人民法院提起行政赔偿诉讼，要求永州市劳教委赔偿侵犯人身自由的赔偿金1463.85元，书面赔礼道歉并支付精神损害抚慰金1000元。2013年7月11日，唐慧诉湖南永州市劳教委行政赔偿一案，湖南省高级人民作出终审判决，唐慧胜诉。判决永州市劳教委赔偿唐慧侵犯人身自由赔偿金1941元，精神损害抚慰金1000元，唐慧要求书面赔礼道歉的请求法院没有支持。

2014年7月25日，湖南省高级人民法院于8时30分在永州市中级人民法院公开开庭审理秦某强迫卖淫、组织卖淫一案。此前，最高人民法院依法裁定不核准秦某死刑，将案件发回湖南省高级人民法院重新审判。2014 年 9 月 5 日，湖南省高级人民法院对周某某、秦某强迫卖淫、强奸、组织卖淫二审重审案进行公开宣判：上诉人周某某犯强迫卖淫罪、强奸罪，上诉人秦某犯强迫卖淫罪、组织卖淫罪，决定对两人执行无期徒刑，剥夺政治权利终身，并处没收个人财产人民币一万元，罚金人民币五千元。

至此，案件已经有了终局性结果。从 2006 到 2014 年，历经 8 年的一审、上诉、二审、再审、重审的过程，本就因女儿的惨痛遭遇而心力交瘁的母亲，更是由自己对判决不满的一再上诉而被劳教让人揪心。

二　脱轨的唐慧案——对劳教制度的拷问

从这起案件所引起的社会反响看，在女儿受到非人遭遇还未得到公正审判的同时，母亲却在为女儿寻求正义的道路上被处以劳教而被限制人身自由，中断了她的“上访之路”。我们顺着唐慧“上访妈妈”的身份背景进一步追溯，法院行政诉讼终审判决所具有的“进步意义”以及“公道价值”，体现于其对劳教决定的撤销。

唐慧案在地方乃至全国引起的轩然大波，不仅是其女儿的不幸遭遇所引发的全民公愤，更是触发劳教制度存废问题的导火索。与其从唐慧案透视劳教制度，不如我们从劳教制度的“出生”说起，探究劳教制度在何种背景下以何种方式在中国生根发芽，直至最终被废止的过程。

（一）劳教制度之“生”

第二次世界大战后，资本主义和社会主义两大阵营逐渐形成并走向对立。以美国为首的西方发达国家对新中国采取政治孤立、经济封锁和军事包围的政策。在此背景下，我国也相应地采取“一边倒”的外交政策。这种外交政策反映在国内的法制建设中，就是整个法制体系、整套法律思维都照搬照学苏联模式，劳教制度从苏联的引进也就顺理成章了。与此同时，国内形势仍然严峻，巩固民族独立、维护国家主权与安全成为党和人民面临的重大考验。一方面，部分地区黑恶势力、封建势力、敌对残余势力等还有待肃清，国内建设百废待兴，新生的人民政权也亟须进行巩固；另一方面，党的内部也面临着因革命胜利而可能被滋长的骄傲自满、享乐腐化等腐朽思想侵蚀的问题，保持党的纯洁性与艰苦奋斗的作风成为党面临的难题。因此，新中国成立初期，社会问题严重，打击敌对势力、处理堕落人员且又要着力发展生产成为时代的重要任务。[①] 从当时所处的司法环境来看，新中国成立不久，就出现了犯罪高峰，1950 年全国发生的各种刑事案件有 51 万起，而相比当时 5.5 亿的人口来说，数字确实令人心惊。[②] 在综上复杂的社会和司法环境中，1951 年 5 月中共中央发布的《对土地改革业已完成地区的地主参加劳动生产及就业问题的指示》，确立了强制劳动制度，规定对有劳动能力而又无其他职业的地主，应强制他们劳动。1955 年 8 月 25 日，中共中央发布了《关于彻底肃清暗藏的反革命分子的指示》，其中规定："对这次运动清查出来的反革命分子和其他坏分子，除判处死刑的和因为罪状较轻、坦白彻底或因为立功而应继续留用的以外，分两种办法处理。一种办法，是判刑后劳动改造。另一种办法，是不能判刑而政治上又不适于继续留用，放到社会上去又会增加失业的，则进行劳动教养，就是虽不判刑，虽不完全失去自由，但亦应集中起来，替国家做工，由国家给予一定的工资。各省市应即自行筹备，分别建立这种劳动教养的场所。全国性的劳动教养的场所，由内务部、公安部立即筹备设立。"这一文件首次明确提出对"反革命分子"和"坏分子"实行劳教的构想，是我们国家出台的第一份有关劳动教养的红头文件。[③]

1957 年 8 月，经第一届全国人大常委会第七十八次会议批准，国务院公布了《国务院关于劳动教养问题的决定》。在这份决定中，劳教制度主要有以下几方面特点：第一，适用对象的具体性。此次被正式确立的劳教制度所能够约束的，不仅包括不务正业、有流氓行为或不追究刑事责任的盗窃、诈骗等行为，违反治安管理、屡教不改的情况，也包括罪行轻微，不追究刑事责任的反革命分子等，另外还有在机关团体内有劳动力但拒绝劳动等人员。第二，决定方式确立。需要进行劳动教养的人，由民政、公安部门，所在机关、团体、企业、学校等单位，或者家长提出申请，经省、自治区、直

---

① 参见冀祥德：《劳教制度废除后之国家制裁体系重构》，方志出版社 2015 年版。

② 参见康树华：《新中国成立后不同历史时期犯罪的状况与特点》，《江苏公安专科学校学报》1999 年第 1 期。

③ 参见冀祥德：《劳教制度废除后之国家制裁体系重构》，方志出版社 2015 年版。

辖市人民委员会或者他们委托的机关批准。第三，场所的批准和建立。劳教机关在省、自治区、直辖市一级建立或者经省、自治区、直辖市人民委员会批准建立。从上述劳教制度确立之初所呈现出的特点可以看出，其制度设计初衷是基于当前所存在的社会秩序动荡，社会闲散人员和轻微犯罪人员数量增多的现状，在一定程度上说，该制度是从维护政治和社会稳定的方向和目的出发，为达到维稳的社会环境而进行的制度尝试。但一定的社会环境决定一定的制度生存发展，随着法制轨道的逐步完善和社会经济的不断进步，劳教制度特有的社会管控功能并不能如最初那般充分的发挥作用，甚至在某些领域还招来不断的非议声。

（二）劳教制度之“长”

劳教制度是司法程序之外的国家管控手段，其产生的特殊性决定了它无法完全被司法化改造，也无法转变为纯司法程序和制度。自劳教制度正式设立之后，由于其对违法对象和行为范围的广泛囊括，处罚决定程序也不尽规范，导致公安等侦查机关面对实践中的疑难杂案和需进一步收集证据的案件，都会直接或预先采用劳教的方式限制违法犯罪嫌疑人的人身自由，以方便后期的侦查需要。也正是基于此，在侦查机关对劳教制度的使用愈发“得心应手”乃至将劳教制度作为所有侦查程序的“预程序”或者“补充程序”之后，劳教制度在司法实践中的地位便骤然上升。

劳教制度本身浓厚的政治色彩使其具有了先天的扩张性和异化性。在经历了1960年之前的相对无序阶段，劳教对象扩大，劳教人数不断上升，从1957年末的3万多人，到1958年的35万多人，1959年升至43万多人，1960年的近50万人。[①] 自1960年之后，逐步确立了明确的劳教期限和规范的劳教机构，并对劳教制度的审批完善性的补充，由之前“公安机关决定”细化为“必须经市一级公安机关负责人批准”。另外，对劳教对象也进行了制度上的明确归类。经过几年的整顿之后，劳教制度被滥用的现象有所好转，1961年便下降为39万余人，1962年为18万余人，1963年到14万余人，1964年10万余人，到1965年，全国被劳教的人数已降至6万

① 参见赵秉志、杨诚主编：《中国劳动教养制度的检讨与改革》，中国人民公安大学出版社2008年版，第8页。

余人。[①] 仅从人数变化上看，劳教制度的调整期确实小有成效，但是从根本上说，劳教制度的主要问题仍然是制度本身的法律基础缺失或不足，虽从“量”上缓解了劳教制度所带来的混乱现象，但从“质”上来说，这一系列调整并没有阻止劳教不断被扩大适用、滥用或异化适用的发展趋势。经历了“文化大革命”之后，劳教制度受到了非常严重的破坏和冲击，劳教机构陷入瘫痪，劳教对象也不断扩大，经过这一阶段的破坏，劳教制度更是被作为一种可以随意关押的举措被滥用。自1979年开始，全国人大常委会、国务院相继批准或公布了《国务院关于劳动教养的补充规定》和《关于将强制劳动和收容审查两项措施统一于劳动教养的通知》，中共中央在1982年发出《关于加强政法工作的指示》，其中专门强调要加强劳动教养工作。同年，国务院转发了公安部发布的《中华人民共和国劳动教养试行办法》。各省市人民政府相继成立了劳教管理委员会，完善了劳教的审批程序，公安部成立了劳教工作管理局，劳教制度得到了全面完善的恢复。1982年之后，在整个20世纪八九十年代，有社会结构性问题逐渐呈现，整个国家的法制建设进程与社会发展之间的矛盾凸显。为了维护社会稳定与发展，更加便利地打击违法活动，中央及各地方政府以《劳动教养试行办法》中对于劳教对象“实施……行为，不够刑事处分的”为基本格式条款，相继公布后续规范性文件或作出解释，进一步扩大劳教适用对象。[②] 同时，由于缺乏有效的制约监督机制，许多劳教决定的作出程序显得极为随意，甚至出现经检察机关审查因证据不足退回补充侦查和经法院审理裁定证据不足不能定罪的案件，但在申报劳教后都获得批准的现象。于此，劳教制度仿佛成为一个“保底”措施，无论是否能够对犯罪嫌疑人定罪，劳教制度都能够限制其人身自由直至司法机关找出能足以对其实施司法羁押的证据。

在劳教制度被广泛使用的同时，我国法制体系也逐渐完善，这使劳教制度不断被排斥甚至于一度时期游离于整个法制体系之外，其与上位法规定的相背离的弊端也不断显现出来。1996年颁布的《中华人民共和国行政处罚法》、2000年颁布的《中华人民共和国立法法》，均明确确立了法律对有关

---

① 参见赵秉志、杨诚主编：《中国劳动教养制度的检讨与改革》，中国人民公安大学出版社2008年版，第8页。

② 参见冀祥德：《劳教制度废除后之国家制裁体系重构》，方志出版社2015年版。

限制人身自由的处罚的专属管辖权，任何行政法规、地方性法规或者规章都无权设定限制人身自由的行政处罚。这对劳教制度的合法性产生了极大的冲击。之后，2005 年颁布的《中华人民共和国治安管理处罚法》，取消了 1986 年《治安管理处罚条例》中有关劳教的规定，尽管其保留了“强制性教育措施”的规定，但在一定程度上质疑了劳教制度的合法性。从横向来看，除了国内法律法规的不断健全和法治建设的不断推进之外，1998 年，我国政府在联合国总部签署了《公民权利和政治权利国际公约》，其第 9 条第 1 款规定，“除非依照法律所确定的根据和程序，任何人不得被剥夺自由。”根据联合国有关机构的解释，“法律”是指立法机关制定的法律；“程序”是指经过正当的法庭审理。第 9 条第 4 款规定：“任何因逮捕或拘禁被剥夺自由的人，有资格向法庭提起诉讼，以便法庭能不拖延地决定拘禁他是否合法以及如果拘禁不合法时命令予以释放。”

在这一时期，直至 2008 年前后，全国因劳教制度而引发的舆论不断，接连出现的案例不仅将相关作出劳教决定的国家机关推上风口浪尖，劳教制度本身也被不断诟病，直至废除之声持续上涨。

（三）劳教制度之“亡”

在 2013 年 1 月 7 日的全国政法工作会议上，中共中央政治局委员、中央政法委书记孟建柱宣布将进一步积极推进劳教制度改革，在报请全国人大常委会批准后，将“停止使用”劳教制度，并要求在全国人大常委会批准前，严格控制使用劳教手段，对缠访、闹访等三类对象不采取劳教措施。2013 年 3 月 7 日，司法部部长吴爱英在接受采访时表示，劳教制度改革正在积极稳妥推进。2013 年 3 月 17 日，李克强总理在十二届全国人大一次会议闭幕后的记者招待会上表示，有关中国劳教制度的改革方案，有关部门正在抓紧研究制订，年内有望出台。10 月 23 日，最高人民法院院长周强在最高人民法院党组会上提出，各级法院要积极配合劳教制度改革，探索完善轻微刑事案件快审快结机制，大力推进社区矫正工作，有效延伸审判职能，帮助罪犯早日回归社会。

2013 年后，各地纷纷开始逐渐停止劳教制度的使用，如 2013 年 2 月，云南统一停止对涉嫌危害国家安全、缠访闹访、丑化领导人形象等三种行为的劳教审批，随后暂停对其他违法情形的劳教审批；2013 年 3 月以后，广州、深圳市劳教管理委员会、都纷纷停止对劳教的审批，深圳两个劳教所挂起强制隔离戒毒所的牌子。

2013 年 11 月 12 日中国共产党第十八届中央委员会第三次全体会议通过《中共中央关于全面深化改革若干重大问题的决定》，其中明确表述，废止劳动教养制度，完善对违法犯罪行为的惩治和矫正法律，健全社区矫正制度。

2013 年 12 月 28 日第十二届全国人大常委会第六次会议中，通过了《全国人民代表大会常务委员会关于废止有关劳动教养法律规定的决定》。其中规定:“一、废止 1957 年 8 月 1 日第一届全国人民代表大会常务委员会第七十八次会议通过的《全国人民代表大会常务委员会批准国务院关于劳动教养问题的决定的决议》及《国务院关于劳动教养问题的决定》。二、废止 1979 年 11 月 29 日第五届全国人民代表大会常务委员会第十二次会议通过的《全国人民代表大会常务委员会批准国务院关于劳动教养的补充规定的决议》及《国务院关于劳动教养的补充规定》。三、在劳动教养制度废止前，依法作出的劳动教养决定有效；劳动教养制度废止后，对正在被依法执行劳动教养的人员，解除劳动教养，剩余期限不再执行。”这标志着劳教制度正式被废除，也是我国推进社会主义法治建设的又一个里程碑。关于劳动教养制度存废问题的激烈争论终于尘埃落定，在我国实行 50 余年之久的劳动教养制度终于走入了历史。

劳教制度废止的基础原因是其性质的模糊不明确性，法学界对于劳教性质的认识有“（治安）行政处罚措施”“行政强制措施”“刑事措施”“独立于行政处罚与刑罚之外的强制性教育措施”等诸多观点。就“（治安）行政处罚措施”的观点而言，尽管从《关于进一步加强监狱管理和劳动教养工作的通知》中可以获得依据，并且从劳教的适用范围、适用目的来看确有一定正确性，但实际上《行政处罚法》第 8 条所列的 7 种行政处罚种类中，没有劳教这一表述，并且该法第 10 条、第 11 条也明确规定，行政法规只可以设定除限制人身自由以外的行政处罚。若将其定性为行政处罚，又与《立法法》《行政处罚法》的明文规定相抵触。就“行政强制措施”的观点而言，尽管从手段的强制性角度来看也有一定的正确性，但却被《行政强制法》所摒弃。就“刑事措施”的观点而言，无法解释与《刑法》的冲突。就“独立于行政处罚与刑罚之外的强制性教育措施”的观点而言，无法对劳教对被劳教者人身自由的较长期限的剥夺进行解释。劳教制度性质不明确的根本原因在于其本身就是司法程序之外进行社会管控、社会治理的手段，性质不明确直接导致劳教制度司法化改革难以实现，在我国当前的法治发展中，劳教已不能适应人权理念迅速发展的现代法治国家建设的需要。①

其次，劳教制度废止的原因还在于其对象缺乏法定性。这就决定了劳教制度对限制人身自由的处罚决定作出的任意性。从 1957 年国务院颁布的《关于劳动教养问题的决定》来看，劳动教养对象确定为以下 4 种人：有治安违法行为但不追究刑事责任、屡教不改的人；罪行轻微，不追究刑事责任的反革命分子、反社会主义的反动分子，受到机关、团体、企业、学校等单位的开除处分，无生活出路的人；机关、团体、企业、学校等单位内，有劳动力，但长期拒绝劳动或者破坏纪律、妨害公共秩序，受到开除处分，无生活出路的人；不服从工作分配和就业转业安置，或不接受从事劳动生产的劝导而妨害公务、屡教不改的人。1982 年公安部发布的《劳动教养试行办法》将劳动教养的对象调整为 6 种人：罪行轻微，不够刑事处分的反革命分子、反党反社会主义分子；结伙杀人、抢劫、强奸、放火等犯罪团伙中，不够刑事处分的；有流氓、卖淫、盗窃、诈骗等违法犯罪行为，屡教不改，不够刑事处分的；聚众斗殴、寻衅滋事、煽动闹事等扰乱社会治安，不够刑事处分的；有工作岗位，长期拒绝劳动，破坏劳动纪律，而又不断无理取闹，扰乱生产秩序、工作秩序、教学、科研秩序和生活秩序，妨碍公务，不听劝阻和制裁的；教唆他人违法犯罪，不够刑事处分的。从以上规定中不难总结出，劳教不是以行为人的行为而是行为人的人身特征作为法定的构成要件，这必然会导致劳教的决定机关享有很大的自由裁量权，与我国的罪刑法定原则相违背。不仅上述两个规范文件对适用对象作出了规定，原《治安管理处罚条例》以及《关于禁毒的决定》《关于严禁卖淫嫖娼的决定》等其他法律法规甚至部门规章也对此有所规定，适用对象也因此增加到 20 多种。地方性法规对适用对象的规定更加宽松广泛，导致劳教适用对象的不稳定性，这就违背了我国关于法律位阶的统一原则，从而影响了我国社会主义法律体系的完整性和权威性。②

劳教制度违背人权和处罚任意性的属性，已无法通过修改来予以弥补和

① 参见冀祥德:《劳教制度废除后之国家制裁体系重构》，方志出版社 2015 年版。
② 同上。

完善，经过近几十年法治的发展和法律法规的健全，劳教制度的适用背景和必要性均已丧失，其继续存在确已与中国的法治发展背道而驰，废除已经在情理之中也是势在必行。

三　劳教制度废止后的道路选择

在劳教制度废止后，急需一种制度接替其成为新的维护社会治安的制度保障，有学者提出建立“治安处罚—违法行为教育矫治—刑罚”三级制裁体系。第一，不论是收容还是教育矫治，在性质上，这些都是涉及剥夺或限制人身自由的强制措施。我国于 1998 年 10 月在联合国总部签署的《公民权利和政治权利国际公约》，其中第 9 条规定：“除非依照法律所规定的根据和程序，任何人不得被剥夺自由……”，第 14 条规定：“在判定对任何人提出的任何刑事指控或确定他在一件诉讼案中的权利和义务时，人人有资格由一个依法设立的合格的、独立的和无偏倚的法庭进行公正的和公开的审讯。”按照国际公约的精神，构建三级制裁体系是对人权的保护。第二，这也是我国推进法治化建设的必然选择，“在适用和决定程序上，在中国社会实现法治化之前，司法化或准司法化应当是较长时间限制公民人身自由的法治化的底线。”① 第三，构建三级制裁体系，避免了犯罪不适当的扩大，对原有的劳教等制度进行改造，在治安处罚与刑罚之外建立以对违法行为的强制性教育矫治为手段的特殊治理模式。第四，从劳教制度的立法初衷来看，该制度设立的目的之一是对一些尚不构成犯罪的刑法边缘行为进行必要的行为矫治与约束，改变以往“惩罚改造”理念，将“教育矫治”作为设立这项制度的基本宗旨。② 第五，保证实体和程序正义，推进依法治国进程。为了防止违法行为教育矫治法的程序再出现如劳教制度的行政化、随意化的缺点，进而走上劳教制度被彻底废除的老路，必须从根上杜绝任何可能影响程序正义和公正的因素、规定严格公正的司法程序。

劳教制度设立时的目的与价值取向是维护社会秩序，其职能突出地表现为两个方面：犯罪控制与教化改造。这种职能通过对收容对象的政策性

---

① 张绍彦：《改革制度优化功能——十字路口的劳动教养叙说》，载何家弘主编《法学家茶座》，山东人民出版社 2012 年版。

② 参见冀祥德：《劳教制度：向死而生》，《环球法律评论》2013 年第 2 期。

调控，具有很强的针对性。如针对犯罪临界行为和屡教不改者；针对游手好闲、违反法纪者等。劳教制度旨在创设一种正义的社会秩序，其目的和价值取向并不在于惩戒或排害，而是教育、矫治、保护和救助，其积极预防犯罪和有效矫治违法者的宗旨，彰显了中国传统文化渊源与社会主义特色。因此，无论选择哪种制度作为劳教制度的接替性制度，都要以维护社会秩序并且保障人权作为设立初衷。

农民上楼：喜还是忧？
——“增减挂钩”政策下的农民住房问题

张　锦*

最近回老家看望爷爷奶奶时，得知这样一个消息：他们所在的村子今后要整体搬迁到镇上，都去住楼房。而且不止一两个村子，全镇十个村（屯）全部搬迁，集中住楼。腾出来的土地要被纳入某新建经济开发区的范围。我问爷爷，咱们不去不行吗？爷爷回答说，在农村，人家要想让你走，就总会有办法让你走的。我的心狠狠地往下一沉，一种无力感油然而生：为什么农民不能再拥有自己的宅基地和前后庭院？为什么面对政府的决策，农民自己的意愿显得那么的微不足道？

在此之前，我就关注过很多地方被称作“增减挂钩”的合村并居、“农民上楼运动”，从没想过终有一天我自己的老家也难逃此运。爷爷奶奶八十多岁了，还要他们改变生活方式，改变生活环境，每天爬楼梯上下楼，想到这儿我就酸楚气闷。老家的这个村子是我全部童年时光中最有色彩的部分，小时候每年寒暑假我都在这里度过。直到现在，每年回去无论冬夏，开阔的风景和充足的阳光都给我这样的满足感：原来幸福这么简单纯粹。

这个村子算是富庶的，地势平坦，土壤肥沃，交通便捷。水田里耕种享有地理标志的稻米，旱田高产玉米高粱，承包一小块儿浅水池塘养鱼和河蟹的同时还可收获百十吨芦苇卖做造纸原料，另外地下水抽出来就可以晒盐，冬天到苇塘里刨开脚下的冰就可以网到涌来透气的鱼。村里有的人家用自家粮食喂养的猪，每年腊月不到就被村里和城里的人订购一空。房前屋后的院

---

* 张锦，法律硕士，中国核工业集团中国中原对外工程有限公司法律顾问。

子栽几棵果树，轮种几茬蔬菜，除了自给、赠送，还可以拿到集市上卖。村中大路到达高铁车站仅一个半小时车程，到达镇上集市骑自行车就需六七分钟。这样自然条件优越，交通便利，没有闲置废弃宅基地的村屯，为什么也要“一刀切”的上楼？是上了楼的农民一定比现在过得好呢，还是农民上楼之后过得怎样勿需考虑，还是这块土地可以并入经济开发区了呢？

随着中国城市化、工业化的发展，城市建设用地严重紧张与农村建设用地却大量闲置、18亿亩耕地红线必须保住等矛盾非常突出，于是“增减挂钩”政策应时而生，但这一政策在很多地方被很大程度上异化了：农民“被上楼”“被集中”，被强拆农房，被强行改村变居；地方政府擅自扩大城乡建设用地“增减挂钩”试点范围，违背农民意愿强拆强建、大肆圈占农村集体土地，换取城镇建设用地的指标。还有一些地方给予腾退土地农民的补偿，不仅标准偏低，而且未将挂钩所产生的收益主要用于农业和农村发展。那么什么是“增减挂钩”，它缘何而来，现状怎样，产生了哪些问题，为何又引起那么多关注和争论？笔者试图对这一问题进行梳理。

一　政策驱动："增减挂钩"的前世今生

（一）什么是“增减挂钩”

2004年，国务院《关于深化改革土地管理的决定》第一次明确了“城镇建设用地增加要与农村用地减少相挂钩”。2005年，部分城市经批准展开了城乡建设用地“增减挂钩”试点。2008年《城乡建设用地增减挂钩试点管理办法》对“增减挂钩”进行了明确定义：增减挂钩是指依据土地利用总体规划，将若干拟整理复垦为耕地的农村建设用地地块和拟用于城镇建设的地块等面积共同组成建新拆旧项目区，通过建新拆旧和土地整理复垦等措施，在保证项目区内各类土地面积平衡的基础上，最终实现增加耕地有效面积，提高耕地质量，节约集约利用建设用地，城乡用地布局更合理的目标。

（二）为什么会产生“增减挂钩”政策

“增减挂钩”政策是当前为了解决城市建设用地严重紧张而农村建设用地大量闲置矛盾所能想到的现实手段。它是矛盾积累到一定程度的产物，也是土地使用情况的反映。

时任重庆市政协常委、西南大学教授邱道持接受《瞭望》新闻周刊采访时曾表示，“从 2005 年开始，随着中国城市化、工业化加快推进，地方政府越发感觉到城镇、工矿建设用地紧张。以重庆为例，2003 年以前，国家每年批给重庆的新增建设用地在 30 平方公里左右，基本能满足城市发展需求。但从 2005 年开始，重庆每年新增指标已达 100 平方公里以上，但与地方政府实际需求仍相差 1/3 左右。重庆每年约有 50 万人进入城镇，常住人口城市化率以每年 1.7% 增长，农民进城占用大量城市土地资源的同时，其在农村的宅基地却大量闲置、利用粗放。据统计，直辖 13 年来，重庆约有 650 万农民进入城镇，以一户农民占有 250 平方米建设用地计算，应相应减少 1500 ~ 1600 平方公里农村建设用地。但据重庆国土部门土地变更数据调查：13 年间，重庆减少农村建设用地仅 73 平方公里，不足理论值的零头。相关统计也显示，1997—2005 年中国乡村人口减少了 9533 万人，农村居民点用地却反增了 176 万亩，农民人均用地面积达到城市的 2 倍。”① 由此可见，农村建设用地的大量闲置与城市建设用地的严重紧张出现了矛盾。

时任中国科学院地理科学与资源研究所区域农业与农村发展研究中心主任刘彦随研究员在接受《瞭望》新闻周刊采访时说：“我们在山东一个典型的村——赵庄做了一个深入的研究。用 1960 年代的航拍和最近做的一个片子，作了一个比对分析，40 年，这个村的规模扩展了 3 倍，占了 270 亩的耕地。这个村目前有 295 户人，其中有 111 户是废弃闲置的，占到了 38%。”② 以赵庄为例，无论是人口还是居住地，今天的村庄已经不同往昔，而城乡建设用地的失衡正源自于此。

目前，我国有 2.3 亿农民工，去年有 1670 万农民工进城。如果按照 2020 年达到 60% 的城市化率来看，届时有 5.8 亿左右农民生活在农村。这一数字在 1995 年的时候为 8.6 亿人。“这就意味着到 2020 年乡村的人口要减少 2.8 亿 ~ 3 亿的规模，随着人口的转移，节余的地会闲置出来”③，刘彦随认为，特别是以宅基地和废弃地为主要特点的农村“空心化”问题将会愈演愈烈。而对空心化村庄整治，作为一项既“节流”又“开源”的系统工程，是推进新农村建设的基本前提。

---

① 陈谊娜、李松、徐旭忠：《城乡土地“增减挂钩”在一些地方发生严重异化》，《瞭望》2010 年第 47 期。

② 同上。

③ 同上。

可见，“增减挂钩”作为一种手段，在整治农村人口迁出、村落空心化的同时又不断扩大规模占用土地上，有它一定的必要性。但是我们必须清楚单纯的每户农民因有人另立户口分得宅基地，不应该被看作是一种浪费土地的行为。

（三）是什么驱使“增减挂钩”政策在执行时“跑偏”

“增减挂钩”政策的出台，本意是为了缓解“城市建设用地严重紧张而农村建设用地却大量闲置”“保住18亿亩耕地的红线”等日益加剧的矛盾。但是正如开篇所述，“增减挂钩”政策在地方的施行中却出现了相当多的问题，引发了很多的不满。而“增减挂钩”试点大规模铺开，大拆大建、违法利用集体土地屡禁不止。集体土地被大规模地改变用途和违法利用，背后的驱动力是什么？

首先，从集体土地对全社会的作用来看，耕地用于粮食生产，保障了社会基本生活的稳定和经济安全——但是农民收入并不与粮食生产相对称，其中必然存在一个差值；除耕地以外的其他类型的集体土地，提供了保护水土，净化空气，调节生态等效益，而这一部分效益也没有相应地体现为农民的收入和农村建设的利好。那么相对于市场调节土地价格较为充分的城市土地，集体土地的价格显然被低估了。其次，从对集体土地的使用和流转限制来看，《中华人民共和国土地管理法》规定了“国家实行土地用途管制制度”，限定除了乡镇企业用地外，集体土地使用权不得用于非农建设。这就使得集体土地的利用不能朝着获取高额收益的方向设定，相对于城市又丧失了增值的途径。农民集体对于具有所有权的集体土地没有绝对的处分权利，不能以买卖或其他形式非法转让土地所有权，而只有国家才能通过法定程序征收释放其所有权。这就使得农民集体在集体土地的所有权行使上就失去了实质意义。

那么就释放集体土地所有权的征收而言，对农民集体的补偿又是怎样一种状况呢？我国现行的征地补偿安置是根据土地的原用途进行补偿，并且有最高标准的硬性规定。《土地管理法》第47条规定，征收土地的，按照被征收土地的原用途给予补偿。征收耕地的补偿费用包括土地补偿费、安置补助费以及地上附着物和青苗的补偿费。征收耕地的土地补偿费，为该耕地被征收前三年平均年产值的六至十倍。征收耕地的安置补助费，按照需要安置的农业人口数计算。需要安置的农业人口数，按照被征收的耕地数量除以征地前被征收单位平均每人占有耕地的数量计算。每一个需要安置的农业人口的安置补助费标准，为该耕地被征收前三年平均年产值的四至六倍。但是，每公顷被征收耕地的安置补助费，最高不得超过被征收前三年平均年产值的十五倍。

上述规定是“按土地的原用途的年产值倍数来测算的，它既没有考虑土地对农民承担的生产资料和社会保障双重功能，也没有真正体现土地的潜在收益、利用价值以及劳动力失业损失，更没有体现土地市场的供需状况。随着社会经济的发展，物价水平的提高，耕地收益以及对土地的需求将不断增加，土地价值将持续上涨。而现行的征地补偿额度是与市场无关的政策性价格，过于偏离土地的市场价值和农民的经济预期，补偿范围仅包括了直接损失，没有包括间接损失，尤其是没有包括农民的择业成本和从事新职业的风险金。”①

征用后的集体土地一经出让其增值达数倍、数十倍甚至上百倍，而农民不享有这种增值的利益。这样一来，被限定用途的、价值被低估的、被硬性不平等交换的集体土地所呈现的差价利益，就是地方政府追逐的所在，集体土地就会不断地被改变用途、违法利用。

（四）“增减挂钩”政策到底能保住耕地吗

要在土地上种出粮食，土壤必须是熟化的，这样的土壤必须满足一定的温度、透水性、保水性、透气性、有机物、无机物含量、pH 值、微生物含量等指标，否则作物就无法长好甚至生长。那作为“增减挂钩”要义之一的宅基地复垦，要多少年改良才能成为耕地，宅基地上房屋拆迁形成的建筑垃圾怎么处理，复垦的资金有什么机制保障，复耕土壤的标准谁来制定？

必须强调的是，不同于东北、四川等地区和省份，全国一些试点地方的土壤贫瘠、气候恶劣，农作物生长的先天条件本来就差。无论是风化、水蚀或是微生物作用，再加上人工的作用，这些地区土壤改良的耗时和成效都有待论证。同时，地方政府对保护耕地重视不够的问题已经显现出来。据报道，西南某县曾投入巨资进行土地复垦，但整理完两年后，不少土地已经撂荒。②

---

① 钱文亮：《失地农民社会保障问题的法学思考》，《山西大学学报（哲学社会科学版）》2007年第2期。

② 参见陈谊娜、李松、徐旭忠：《城乡土地“增减挂钩”在一些地方发生严重异化》，《瞭望》2010年第47期。

国家每年划拨的城市用地指标压力，往往使得政府不自觉地只追求农地复垦数量而非质量，农民是否愿意在复垦的土地上耕种，也经常不在政府的考虑范围之内。

非农业建设占用耕地面积大，土地整理措施不力的原因和表现包括："一是农村集体土地产权单位不明晰，阻碍了土地开发整理目标的实现；二是整理后土地质量等不能及时确定；三是缺少土地整理配套的政策措施和技术标准；四是土地整理的组织工作缺乏统一管理，政出多门，影响了土地整理的效果；五是土地整理复垦开发投资大，缺乏固定的资金来源渠道。"①

二 "增减挂钩"政策实施过程中的难题

（一）如何监督节约出来的土地被滥用

农民上楼后的生活条件似乎并没有得到改善，而节约出的集体土地却用于建不比农民原住房节省土地的别墅。

依据《土地管理法》规定，集体土地使用权不得出让、转让或出租用于非农建设。《城乡建设用地增减挂钩试点管理办法》第 17 条规定，建新地块实行有偿供地，所得收益要用于项目区内农村和基础设施建设，并按照城市反哺农村、工业反哺农业的要求，优先用于支持农村集体发展生产和农民改善生活条件。

中央农村工作领导小组原副组长陈锡文就曾表示，"将村庄整理后，农村的这部分建设用地首先要复垦为耕地，其次要优先考虑农村新增集体建设用地的需要，还有结余的，可调剂为城镇建设用地，但必须符合规划并纳入年度建设用地计划。但不少地方把拆并村庄后节约的农村建设用地基本都置换到城市使用，这不仅擅自扩大了城市建设的总规模，而且利用城乡建设用地的价差还可获取巨额土地收益，正是由于增减挂钩能有如此好处，才导致了史无前例的拆村造城运动。"②

"增减挂钩"理论的最先提出者李昌平把"增减挂钩"曾看成是农民增收的一种渠道。经他估算，如果一亩地的级差地租是 30 万元的话，那么按

---

① 徐天铁:《城乡一体化进程中耕地保护问题研究——以淄博市为例》,《经济与社会发展》2009 年第 10 期。

② 《"增减挂钩"惹的祸？》,《中国经营报》2010 年 12 月 13 日 A11 版。

照全国可以节约2亿亩土地计算，就是60万亿元，这是农民可支配的收入。不过，在实际操作中，他所说的如此巨额的级差地租收入却很难交到搬迁农民们的手中。无论从上述案例还是其他实际调查中看，地方政府并没有制定出相关的政策，对搬迁农民只是给予一定的补偿之后通过“新民居工程”，将增加的耕地面积直接置换成城市的建设用地指标进行开发，收益自然归政府支配。案例一就是一个土地被滥用的例子。

案例一：诸城市官庄店村，没有落款的拆迁通知[①]

一片11层的高层住宅正在兴建，多已封顶。有村民出示一份名为《诸城市官庄店村房屋拆迁补偿标准》的通知，但这一通知，既无落款，也无任何单位公章，只有一个日期，“2010年3月10日”。

在村民周洪发家里，老人拿出厚厚的一沓纸，那是村民们针对房屋拆迁置换提出的意见。老人同时还拿出了一份按有一百余个村民手印的拆迁反对书。在众多的村民意见里，不住高楼和换开发商成为共同的诉求。村民大多希望按五六层开发。

村里一位姓宁的老先生说，关于房屋要拆迁，要集中入住楼房一事，村民们事先完全不知晓。针对此事，村里没有开过党委会，也没有和村民会商过，“我们早就知道北边建楼房，大家都看得见。但是谁都没想到是给我们建的，房子都封顶了，直到要拆我们的房子了，我们才知道房子是给这里的居民盖的。”

在房屋面临拆迁前，村里的数百亩耕地就已经于2009年9月被征收。据周洪发讲，去年9月，村委会以建学校和修路的名义，征收村民的口粮地近400亩。每亩地赔偿4万元。而山东省农业厅在批复中的数字却是296亩！

（二）如何保障“增减挂钩”实际操作中农民的知情权

在“增减挂钩”实际操作中经常出现的情况是地方政府剥夺农民的知情权，不听取农民的诉求和意见，致使农民权利无法得到保护。而《城乡建设

---

① 参见《山东诸城推行农村社区化，宅基地换房屋农民住楼》，http://news.sina.com.cn/o/2010-11-21/202721509202.shtml，2016年10月24日。

用地增减挂钩试点管理办法》第 17 条却明文规定：“项目区选点布局应当举行听证、论证，充分吸收当地农民和公众意见，严禁违背农民意愿，大拆大建；项目区实施过程中，涉及农用地或建设用地调整、互换，要得到集体经济组织和农民确认。涉及集体土地征收的，要实行告知、听证和确认，对集体和农民妥善给予补偿和安置。”另外此办法第 3 条也规定，“挂钩试点工作应以落实科学发展观为统领，以保护耕地、保障农民土地权益为出发点，以改善农村生产生活条件，统筹城乡发展为目标，以优化用地结构和节约集约用地为重点。具体遵循以下原则：……（五）尊重群众意愿，维护集体和农户土地合法权益；（六）以城带乡、以工促农，通过挂钩试点工作，改善农民生产、生活条件，促进农业适度规模经营和农村集体经济发展。”但农民的知情权在具体政策落实中却经常得不到保障，也没有很好的救济措施。案例二就是一个农民知情权没有得到保障的例子。

案例二：村民不爱上楼，听听他们怎么说 [①]

对于村民不愿搬到楼房的原因，诸城官庄店村宁姓老人介绍了他们的意见：

一是对建筑质量存有担忧。在工地施工的工人曾有多人告诉村民，在不该浇筑水泥的时节，为了赶工期，施工时完全没有考虑此因素。老人说，在温度低到一定程度的时候，浇筑的水泥不够牢固。而建房对于村民来说是一件大事，哪怕一点点都马虎不得。对于统一性的搬迁，房屋好与坏都会分配到人，所以村民普遍存有担心。

二是房屋的户型不切合老百姓的住房需求。老人说，一间屋子，放下一张床后，就几乎没有空间了。不能满足需求，老百姓自然不会满意。

三是上楼后费用高。尽管在没有落款的《诸城市官庄店村房屋拆迁补偿标准》里明确表示，“安置区内，电梯运行费、电梯维护费、电梯更换费、二次供水费自安置房竣工后 50 年内予以免除。”但村民认为，这份没有落款和责任人的通知，不可信。“开发商没有信誉，老百

---

① 参见《山东诸城推行农村社区化，宅基地换房屋农民住楼》，http://news.sina.com.cn/o/2010-11-21/202721509202.shtml，2016 年 10 月 24 日。

姓感觉不可靠，说不准两三年后就没人管你了”，老人说。

四是楼层较高，老年人不方便。村里老人很不适应搬迁后的楼房生活，“一些老人甚至连乘电梯都需要一个适应过程”。

五是产权问题。在拆迁房屋中，明确要求交出房产证和土地证，但新住房的产权问题到目前还没有提及，有关方面采取模糊对待态度。

除去上述原因，还有一个难题：90% 的村民没有固定收入。老人说，村里的劳动力大部分都是外出打工，而且是临时工，一旦出现什么大的困难，如何保障？从目前的情况来看，除了 60 岁以上的老人每年 200 元养老补助外，其他人是否享受城市社保，没有答案。

老人补充说，“我们没有过高的要求，只求生活能够安稳，能长期维持下去”。

（三）如何避免村委会的利益立场发生错位

根据《中华人民共和国物权法》第 60 条规定，农民集体所有的土地属于村农民集体所有，由村集体经济组织或者村民委员会代表集体行使所有权；已经分别属于村内两个以上农民集体所有的，由村内各该集体经济组织或者村民小组代表集体行使所有权；属于乡镇农民集体所有的，由乡镇集体经济组织代表集体行使所有权。村委会是“由村民选举产生的，村委会不是一级行政组织，其最高决策机构应该是村民大会，同时“一事一议”及“村务公开”等制度已经表明，村从形式到实质上都应该是一个成员制的民间组织而非政权组织。”[①]《村委会组织法》明确规定了村委会是村民自治的组织，同时，它也是作为基层民主运作的基本载体，《村委会组织法》还规定了乡镇政府与村的关系是指导关系，而非行政隶属关系。在 20 世纪八九十年代，“农村一级的自治性组织却有行政化倾向：村委会的主要职责是完成自上而下的行政任务，负责对象是上级政府而不是本村村民，按政府的模式设置机构和职位，报酬固定化；村支部、村委会等村级组织难以有效保护和代表村民利益，在家庭经营的条件下，也难以有效贯彻政府意志，实施对乡村的有效治理。其行政化的原因主要是村委会延续了人民公社自上而下授权的

① 阳雪雅：《农村土地所有权主体的构建》，《湖北社会科学》2008 年第 5 期。

权力运行机制，带有公共管理职能。”①

那么现如今的情况呢？仍然没有明显的转变，仍有相当多农村和村民把村委会及村委会委员当成是行政性机构及其管理人员，他对一个村集体有着直接的管理权力。村委会与政府有这样一层关系，难免使得在征地过程中，有一部分村委会委员成为“征地政府的人”，利益立场发生错位，甚至像案例三中那样成为暴力拆迁的主力军和倡导者，严重侵害农民合法权益。

案例三：强拆强征的血泪案②

2010年1月7日，江苏邳州市河湾村，200多名男子手持棍棒、砍刀，欲强行征用该村耕地，与前来护地的百余村民发生冲突，村民一死一伤。事发当天，领头的行凶者辱骂村民，“捅死一人，赔30万，大不了再坐两年牢”。行凶的人中包括河湾村支部书记孙孝军。

村民透露，运河镇镇政府用“以租代征”等方式，导致河湾村3000多亩耕地中2500多亩被占用。自2007年以来，该村因强占耕地、拖欠补偿租金等，冲突时有发生。

冲突中的死者亲属说，邳州市公安局来人要拉走尸体，遭他们反对。凌晨6时许，警察赶到太平间，抢走尸体。

时至上午，得知尸体被抢的河湾村村民，聚集到邳州市政府前讨要尸体，未果。次日，上千村民在事发地高速收费站前聚集，后被政府部门劝回。

山东诸城大杨家庄子村的徐记原先在辛兴淀粉厂工作。因为拒绝在拆迁协议上签字，村党委找到厂里的领导，给徐记施压：签协议就让在厂里继续工作，不签协议就以不符合条件为由开除。

村民们说目前已经有4户签了协议，但是“逼迫的”。村民说，已经签了协议的4户村民均为养殖户，受到的威胁是，如果不签协议，就把养殖场的墙推倒。考虑到此举造成的损失，养殖户中的4户被迫签了协议。养殖户中的一位叫徐连祥的村民，因为多次被逼迫签拆迁协议，已经有些精神失常，“现在一到晚上，他就大吼，来人拆房子了，来人拆房子了”。

---

① 阳雪雅：《农村土地所有权主体的构建》，《湖北社会科学》2008年第5期。

② 参见《江苏邳州卖地成百强县，村民护地险遭“沉湖”》，http://news.qq.com/a/20100201/000431.htm，2016年10月24日。

（四）如何保障“增减挂钩”政策在法治的轨道上运行

地方政府违背农民意愿强制拆迁是目前“增减挂钩”执行过程中最突出的矛盾，严重影响了政府与农民群众的关系，直接影响社会安定。

有专家称“强拆之痛”是我们要实现“增减挂钩”必须要经历的。然而“强拆之痛”真的是我们应该忍受的吗，换句话说，这是“增减挂钩”的必然产物吗？宅基地是村集体所有，而作为构成这个集体的一员，农民对自家的宅基地因继承世代拥有所有权。

农民如果认识得到这一点，那他们肯定想得到一处宅基地和其上的房子，宅基地不仅关系着身处的房子和脚下的一方土，对他们的意义还在于祖祖辈辈生活在这里，还在于他们看重珍视的成长和生活的环境，还有他们对失去土地后必须进城务工的窘迫的恐惧。再加上被强制拆迁后，补偿不足额、不到位，所以他们抗拒上楼。

农村土地是村民集体所有，宅基地上的房子更是农民所有，增减挂钩是一项买卖，不是“公共利益”，做不做买卖，是农民、村集体自主的事，政府无权强制。如果农民不愿“上楼”，买方只能以利导之，以高价诱之，哪能以拳头、榔头对之？买卖不公平，就是因为交易的一方是政府，它手握公权力，一不小心就把“买卖”变成“征收”。

对土地拥有的权利的性质问题，无论是国家的根本法或是基本法，都作出了规定。因而让农民交出这种所有权，一定是应当尊重农民的意愿的，一定是应当让农民觉得“不吃亏”的。所以“强拆之痛”是政策实施过程中必须经历的说法行不通，在法律上找不到任何支持，而且反而是我们维护法治和社会公平正义所必须予以否定的。

更有人指出，“撤村圈地发土地财，这是一次对农村的掠夺，强迫农民上楼并大规模取消自然村，不仅与法治精神相违背，对农村社会也将带来巨大负面影响。”某些地方政府急功近利，“城镇化”土地不够，自有农民的宅基地来凑，致使“增减挂钩”演变成农民“被上楼”的过激行动。需要指出的是，“农民才是自己宅基地的主人，要不要上楼应该由他们自己说了算”[①]。

① 《别念歪了”增减挂钩”》，http://guancha.gmw.cn/2010-11/05/content_1355538.htm，2016 年 10 月 24 日。

三　农民上楼后的城市化困境

城市化一直是当下中国发展的主题之一。由于国家对建设用地指标总量进行控制，而城市又要扩大，当这种控制与城市发展产生冲突时，在城市中就进行旧城改造，在农村则进行“增减挂钩”。而“增减挂钩”在现行制度和法律规定下，比旧城改造成本要低廉得太多。暂且不论它的利弊得失，就现实来说，“增减挂钩”是我国城市化的一种进行方式或是说手段。“增减挂钩”政策大范围试点，此举是否与农村现阶段的发展水平相适应，是否已经到了农民集中住楼的阶段？山东省社科院省情研究中心主任秦庆武认为，“一般来讲，应在城市化水平达到60% ~ 70%，农村人口大量减少、农业劳动占比不大时，‘村改居’时机才比较成熟。因此，他认为这种试验个别地方探索可以，但应谨慎推进。”① 有研究人士认为，农民生活还很不富裕，经济承受能力非常有限，在这样的新农村建设中，会否导致农民返贫，甚至背上沉重的经济负担也是普遍的担忧。

（一）失地农民上楼后，就成了市民了吗

案例四：被上楼的农民居住空间条件差，农民心理调适不过来 ②

住进公寓的农民，认为自己成了“四不像”，补偿款未让他们踏实，有农民说没了土地心里慌。

江苏邳州新城开发，诸多的村子失去土地，一些村庄则被整村拆迁。

失去土地和村庄的农民，政府为他们建设了“农民公寓”。

坝头村整体拆迁，补偿款为每平方米500到800元不等。他们可回购的农民公寓，每人标准是30平米，每平方米1300元。他们称，补偿款全部加起来都不够。

坝头村35岁女子徐传玲去年10月自杀。1月20日，徐的婆婆说，家里共11口人，原2处宅基地住房262平方米总共得补偿款30.7万元，

① 参见陈谊娜、李松、徐旭忠:《城乡土地“增减挂钩”在一些地方发生严重异化》,《瞭望》2010年第47期。

② 参见《江苏邳州卖地成百强县，村民护地险遭“沉湖”》，http://news.qq.com/a/20100201/000431.htm，2016年10月24日。

房子拆除后买不起公寓。徐传玲便因此自杀。

位于河湾村北部已完工的“张村河湾农民公寓”，楼与楼间隔不足十米，共有30多栋7层住宅。

受访的坝头村民称很不适应，原来可以养猪养鸡，住进楼房后成了“四不像”。河湾村村民薛银礼说，部分青壮劳力外出打工了，打不了工的人闲在家里发慌，耕地是农民的命，没有土地后心里很慌。

像这个案例一样，许多地方的农民“被上楼”后身份也被转变成了市民。虽然他们心里犯着嘀咕，“不是土地政策30年还是50年不变的吗，怎么地也不许种了”，但是身为市民的他们肯定再没有地去耕种了。我们无疑应该进一步追问，“村落的终结即是农民的终结吗？地域上的城市化和身份认同是一致的吗？”① 答案显然是否定的。

城市化需要的是有效的城市化。“当经济与技术发展到一定阶段且制度上的条件也可达成的时候，农业和农村的问题相对比较容易解决。而农民与市民的问题更多地表现为一种社会文化问题，除了制度和政策上的约束之外，它受文化传统和社会价值观的影响较大。因此，当我国在完成农业现代化和农村城市化之后，可能还有很长一段农民市民化的道路要走”。在农村现代化与城市化的发展阶段中，市民化才是最终的落脚点。② “市民化客观层面是户籍的转变，在身份上由农民转化为市民；主观层面是行动者对身份转变后的认同和适应。在对失地农民的有关调查当中，工作、收入和社会保障是失地农民最为关心和谈论最多的话题。也是他们融入和磨合城市文明首先解决的难题。……失地农民在职业、居住状况、经济上的困境直接导致了他们在生活方式、消费方式的二重性和社会层面上与城市人接触交往的困难；与城市人接触交往的困难在文化层面上又直接妨碍了失地农民与城市文明的同化和交融，造成他们心理归属感的缺失和迷惘。这是一个相互影响，依次递进的过程。”③

---

① 安徽大学失地农民市民化价值观变迁研究课题组：《失地农民市民化价值观的变迁——合肥市芙蓉社区失地农民价值观变迁研究报告》，《合肥学院学报（社会科学版）》2007年第1期。

② 参见文军：《农民市民化：从农民到市民的角色转型》，《华东师范大学学报（哲学社会科学版）》2004年第3期。

③ 安徽大学失地农民市民化价值观变迁研究课题组：《失地农民市民化价值观的变迁——合肥市芙蓉社区失地农民价值观变迁研究报告》，《合肥学院学报（社会科学版）》2007年第1期。

失地农民“处在工业文明与农业文明的中间，是一个边缘群体……仍带有典型的农民特征，不能被城市文明所接纳，同城市格格不入”[①]。造成这些农民边缘化的具体原因是什么呢？安置补偿无力、就业安置不力、社会保障的乏力，造就了失地农民种田无地、就业无岗、低保无份，处在边缘化市民境地，只有城市市民的名分而享受不到实质的权利。

（二）失地上楼成市民的农民，如何解决就业

地方的中小企业本是解决农民就业的重点，他们起着缓解就业压力、维持社会稳定的安全阀的作用。“无论是发达国家，还是发展中国家，其企业总数的99.5%是中小型企业。市场经济成熟的发达国家每千人拥有的微型和中小型企业总数平均量达到40 ~ 55个；全部劳动力在灵活就业、微型和中小型企业中就业的比例在65% ~ 80%。欧洲圈地运动导致长达数百年的社会振荡和农民苦难，除众所周知的社会历史原因外，没有足够数量的中小型企业及时为失地农民提供就业机会，不能不说是经济发展中的重要因素之一。”[②]

但中国的中小型企业发展一直存在诸多瓶颈和困境。在中国GDP高速增长、中小企业在其中的贡献越来越大的今天，困扰中小企业多时的流动资金短缺的问题迟迟没有得到解决。民间借贷方式被严格限制，而国有银行对中小企业的贷款更是收紧，不轻易和大额发放，地方银行和农信农合农商银行支农惠农的实际作用发挥有限和不到位。在东南沿海目前出现了一定程度上的私营和乡镇中小企业的倒闭潮，内陆地区缺乏支农贷款的乡镇集体中小企业或是私营企业更是难以为继。

这样就进一步削减了已经转化为或即将转化为市民的农民的就业机会，失地农民的生存空间受到更为严峻的压缩。

（三）成了市民的农民，如何获得平等的社会保障待遇

土地对于农民的意义，首先是就业，以及由此带来的收入和社保。维持城乡二元结构的户籍制度的设置，以及家庭联产承包责任制的推行，用有限的土地养活数亿农民，具有农村社会保障的性质。农村一直被称为中国社会

① 张汝立：《从主动边缘化到被动边缘化——农转工人员进城行为研究》，《农业经济问题》2004年第3期。

② 陈兴锐：《从欧洲城市化进程看重庆新城拓展中解决失地农民的就业问题》，《重庆行政》2006年第6期。

的稳定器和蓄水池，2008年金融危机后，农民工大返乡就因为是有家可回、有地可种，中国社会才成功度过了危机。如果他们只能聚集于城市中，后果不堪设想。

“失去土地的农民是一个特殊的弱势群体，他们在失去了土地保障的同时，并没有得到城市人所应享有的社会保障，他们在为我国经济和社会的发展作出贡献、甚至是牺牲的同时，并没有得到他们本应得到的补偿与回馈”，“失地农民失去的不仅仅是土地，还有附着在土地上的一系列权利。这些权利包括财产权利、基本的生活保障的权利、就业机会的权利以及与土地相关的一系列权利。”①

鉴于土地对农民的重要性，所起的最后一道保障的作用，在农民失去土地成为市民以后，又没有获得原有土地一般收益和增值的情况下，一定要有对其保障的社保、医保、最低生活保障等机制。否则，在生活成本极大提高后，很可能大量出现种地无望，就业无门，社保无份的贫民、流民，严重影响社会稳定。

案例五：农民上楼需自己掏钱换面积，忍受上楼诸多不便的同时承担高昂生活成本②

距离山东诸城市区20公里的枳沟镇枳沟二村，离旧村大约2公里，离枳沟镇人民政府大约300米的聚和苑是这个村村民们新的住所。

每户无论原先的房子大小新旧，一律按每户80平米分楼房。80平方米的户型没有库房，花钱购买更大面积的户型才有库房。“农村的生产生活方式和城市不同，农村的家同时还承担起了仓库的作用，比如各种农机具、种子、化肥、收获的农作物等，都搬上了楼房，这些问题怎么办？”有村民表示担忧。

村民心里还有一本生活成本账。目前，不少地区的农村还是采用烧柴（农作物秸秆）做饭，搬到单元楼再烧柴做饭已经不现实。村民黄华（化名）告诉记者，搬到楼里后，电费没有变化，但是水费更贵了，

---

① 钱文亮:《失地农民社会保障问题的法学思考》,《山西大学学报（哲学社会科学版）》2007年3月。

② 参见《山东诸城推行农村社区化，宅基地换房屋农民住楼》，http://news.sina.com.cn/o/2010-11-21/202721509202.shtml，2016年10月24日。

而燃气费比城里还贵。城里面是 2.8 元 / 每立方米，小区里则达到 3.8 元。至于具体原因，有村民表示，“据说是因为管道铺设的原因”。

一位孙姓村民和两位苏姓村民表示，以前在村里就不用考虑燃气费，一把草或是几根木柴就可以煮饭，现在“一切只能是钱做主了”。

由于小区的居民今年 8 月份才搬过来，依据相关优惠政策，第一年的取暖费全免。“今年不要了，那明年呢？以后每年都少不了。”据村民们粗略估算，仅取暖费一项，80 平方米的房子一年大约就要 2000 元。

“以前房前屋后还能种一些蔬菜，现在全都要花钱买”，几位村民七嘴八舌讨论着。黄华的儿媳说，一年增加的生活成本，“没有 5000 元到 8000 元下不来”。除了生活成本上升外，村民普遍反映，种地也比原来远。

对于村民的一些诉求，或是未能按照安排进行搬迁的住户，当地一些干部认为，“近乎为难”“故意刁难”。

（四）合村并居农民上楼，社区设置及小城镇建设如何安排

“增减挂钩”的推行，使很多地方都大力建设小城镇。那么小城镇的建设是否也应该在选址、规模和功能设计上有更多的考量，以免新建城镇的功用发挥不出来，即上楼的农民所居住的社区与市中心联系不便，享受不到城市化所带来的便利，同时又造成大面积的重复建设。

小城镇建设要区分发达地区和欠发达地区。“我国经济发展水平低，发展不平衡，均衡发展城镇化还不具备条件。东部以城市带为中心，全面推进城市化，中西部应以大中城市发展为重点，逐步推进城市化的发展。”① 对欠发达地区来说，必须尊重交通条件和自然条件对城市形成具有重要的甚至是决定性作用的规律。“大中城市都位于陆地重要的交通线上，而交通条件差的城镇，其规模长期发展变化不大。自然条件特别是水资源的作用表现为，中国欠发达地区的省会和大城市，无一例外地都处于所在地区自然条件较好的地方。中国欠发达地区的大部分地方人口密度小，自然条件和交通条件差；远离大城市和中心城市的小城镇经济效益差，不易

① 高强：《日本美国城市化模式比较》，《经济纵横》2002 年 3 月。

解决自身的财政问题，难以发展；大城市和中心城市比小城镇经济效益更高，更易谋生，有更多、更好的发展条件和发展机会，有更好的科学教育文化环境和基础设施。所以中国欠发达地区城市化进程的发展方向应当是：优先在自然和交通条件较好的地方发展大城市和中心城市，不宜遍地开花发展小城镇。”①

四　结语：农民上楼与“增减挂钩”须慎行

我们看到新修改后的《国有土地上房屋征收与补偿条例》中的征收与补偿办法并不在农村适用。另外，最新《国有土地上房屋征收评估办法》规定的“测算被征收房屋类似房地产的市场价格”，给了国有土地上房屋按市价征收的明确要求。但是对于性质是农民集体所有的集体土地，不但要求按照原有用途补偿，而且限定了最高额，这是“增减挂钩”对农民最为不利的所在。

而我们总是习惯于事情付诸实施了，摊子铺开了，缺点显现了，才开始论证，才开始考虑可能的影响。而事实上很多事后突显的问题，在理论阶段是可以而且是应该预见到的。涉及国计民生的、涉及国家未来发展的重大改革方案的提出，除了要有远见卓识，更要精心论证，顶层设计，来不得半点投机心理。

“增减挂钩”理论的最先提出者李昌平在接受《新京报》采访时曾经表示，“农村不大拆大建怎么发展？”② 他的这种论调与地方政府不谋而合。但是一项关于国计民生的改革方案的提出和实施，必须应该考虑到它的成本和成果，必须应该进行成本和效益、收益和风险的预估和分析。现实已经表明“大拆大建”给农村和农民带来的影响是难以接受的。但是，这能有效杜绝吗？而所谓“这是改革必然的阵痛”或“这是政策实施过程中必然会出现的问题”等推脱责任的说法，和缺乏对政策实施方案系统的研究，让我们看到了理论倡导提出者和政策执行者责任心的缺失。

一项行政政策在全国掀起的这场“运动”，试图彻底改变中国农村的风

---

① 石向实:《中美欠发达地区城市化进程比较研究》,《理论研究》2001 年 01 期。

② 钱昊平、涂重航:《三位农村专家剖“圈地”原因》，http://www.bjnews.com.cn/news/2010/11/05/81008.html，2016 年 10 月 24 日。